移动互联网媒介体验

认知、情绪及视觉规律

张纾舒 著

中国社会科学出版社

图书在版编目（CIP）数据

移动互联网媒介体验：认知、情绪及视觉规律／张纾舒著. -- 北京：中国社会科学出版社，2024. 10.
ISBN 978-7-5227-4040-9

Ⅰ. G206.2

中国国家版本馆 CIP 数据核字第 20246ZJ538 号

出 版 人　赵剑英
责任编辑　孙　萍
责任校对　禹　冰
责任印制　李寡寡

出　　版　中国社会科学出版社
社　　址　北京鼓楼西大街甲 158 号
邮　　编　100720
网　　址　http://www.csspw.cn
发 行 部　010-84083685
门 市 部　010-84029450
经　　销　新华书店及其他书店

印　　刷　北京君升印刷有限公司
装　　订　廊坊市广阳区广增装订厂
版　　次　2024 年 10 月第 1 版
印　　次　2024 年 10 月第 1 次印刷

开　　本　710×1000　1/16
印　　张　11. 75
字　　数　201 千字
定　　价　65. 00 元

前　言

移动互联网作为新兴媒介的代表正深刻改变着人们的生产和生活形态，也使得新闻传播业的生态和格局发生了巨大的变化。一方面，在移动互联网媒介的环境下，信息的传播不再是单向度的，大众拥有了话语权，有了参与文化生产的机会，人人都能成为信息的生产者和传播者；另一方面，生活节奏的加快使人们阅读、观看电视电影的时间变得短而零碎，内容也越来越微型化、短小化。

传统的传播学研究主要从经验层面，采用问卷调查、访谈等基于意识层面的研究方法来描述移动互联网媒介的特征等问题，鲜有涉及对受众认知、情感、注意和视觉规律等方面的研究。认知神经科学的实验技术和相关理论的发展，打开了人脑思维的“黑箱”，将传播效果的研究从行为层面推进到心理认知层面，运用脑电波/事件相关电位、生理心理测量、眼动规律等技术，可以挖掘受众在移动互联网媒介上浏览信息的神经机制。

本书在借鉴前人研究范式的基础上，模拟受众在移动互联网媒介上浏览信息的情境，通过脑电实验、生理心理实验和眼动实验，收集受众浏览信息时的注意程度、情绪变化和视觉规律等数据，探究受众在移动互联网媒介上浏览信息的神经机制、特征和规律，从而解决本书提出的“受众在移动互联网媒介上信息浏览的规律是什么”的研究问题。根据实验结果，并结合认知效果评定问卷、自我情绪体验评价等行为数据分析讨论，本书总结出受众在移动互联网媒介上浏览信息的规律，具体体现在以下三个结论：

第一，在进行新闻阅读时，受众投入到信息处理上的注意力资源存在显著差异，手机阅读的认知发生更加全面均衡。

第二，在观看情绪图片时，受众对图片的注意程度在手机和电脑上没有显著差异；但在情绪的唤起方面，刺激性强的、高唤起度的图片内容（如暴力的、灾难的、性的）在手机上能引起受众较大的情绪反应，从而增强对图片内容的记忆效果。

第三，在观看广告图片时，受众对手机上图片比例较大的广告的注意力投入程度以及关注时长都显著大于电脑，且记忆效果也是手机大于电脑。也即是说，图片比例的扩大将有助于受众在手机上对广告内容的记忆。

目　录

绪　论

一　研究背景

“没有一个时代，像今天这样，信息如此深刻地影响到我们每天的生活。”① 现代社会的人们的一天可能是这样度过的：早晨醒来先是寻找身边的手机，打开微博或微信大致先浏览一遍后起床，匆匆汇入上班的人流。在地铁或公交上打开手机浏览新闻或观看视频，到达办公室后开电脑收发邮件和安排一天的工作日程，随时通过微信或 QQ 群收发工作指令，或是工作间歇的闲聊。下班的路上依旧扮演着“低头族”，回家后或是在电脑前，或是用手机、平板电脑等移动设备阅读网络资讯，或观看影视视频，直到睡觉前和朋友聊完最后一条微信。

第一，移动互联网媒介的出现对人类生活方式的影响。

早晨起床的第一件事是寻找身边的手机，而睡前放下的最后一件东西往往也是手机，这已成为现代人日常生活的常态。Google 研究发现智能手机是人们每天与媒体互动时最重要的媒介，手机与人们每天互动时间最多。互联网数据中心（IDC）调查数据显示，“近 1/3 视频网站用户几乎不看电视，电视的开机率仅在 20%—30%，且呈逐年下降的趋势”。传统电视逐渐被年轻用户“抛弃”已成事实，不仅电视，近年来报纸、书本等纸媒也越来越远离我们的生活，取而代之的是手机、iPad 等移动式和便携式网络媒介。就像从黑白电视换到现在的彩色电视一样，用手机进行阅读、娱乐是技术发展的必然结果，它将会成为人们最强有力的信息终端。现代人几乎 24 小时与手机为伴，离开了手机会感到不舒服，丢失手

① 尹鸿：《新媒体时代的传播与社会》，宣讲家网，2016 年 6 月 2 日，http：//www.71.cn/2016/0602/893016.shtml，2016 年 9 月 20 日。

机会是重大损失，这种损失不仅仅是物质层面上的，其精神上也会产生一种“与世界脱离的感觉”。

随着信息技术的大范围普及与高速发展，以及移动互联网技术的提升，新的传播媒介正改写着我们的生活，传播渠道越来越多样化，交流方式也越来越多元化。中国互联网络信息中心（CNNIC）2023 年 3 月发布的《第 51 次中国互联网络发展状况统计报告》显示，截至 2022 年 12 月底，中国网民规模已达 10.67 亿，互联网普及率达 75.6%，较 2021 年 12 月提升 2.6 个百分点。其中，中国手机网民规模已达 10.65 亿，网民中使用手机上网人群占比已高达 99.8%，移动互联网接入流量达 2618 亿 GB，同比增长 18.1%。台式电脑、笔记本电脑、平板电脑的使用率分别为 34.2%、32.8%、28.5%，较前几年呈逐年下滑的趋势，网民上网设备逐渐向移动端转移，手机不断挤占其他个人上网设备的使用时长。[①] 可以说，移动互联网塑造了全新的社会生活形态，潜移默化地改变着移动网民的日常生活，并对各个领域的生产发展都产生了深远而广泛的影响。“这一影响远超出了一般的大众传播媒介；互联网所带来的不仅是对一个社会、一个民族本身结构和经济现状的冲击，而是与该民族乃至整个世界的认知习惯、思维习惯和生活习惯连在一起的巨大变化。”[②] 关于技术对社会的影响，加拿大著名传播学者马歇尔·麦克卢汉（Marshall McLuhan）曾生动地比喻说：“用新技术给社会动手术时，受影响最大的部位并不是手术切口，手术的冲击区和切口区是麻木的，被改变的是整个机体。”[③] 移动互联网的发展，使得网络、手机逐渐成为人类生存环境的重要组成部分，人类生存的社会正在接受由互联网“主刀”的手术，整个社会的肌体自然会发生重大变化。这些变化主要体现在生活方式和生活内容的变更上，如我们更多地使用手机等移动的、便携的、微小的设备在碎片化的时间进行社交、阅读、观影或是游戏等娱乐活动。

---

① 中国互联网络信息中心：《第 51 次中国互联网络发展状况统计报告》，中国互联网络信息中心，2023 年 3 月 2 日，https://cnnic.cn/n4/2023/0302/c199-10755.html，2023 年 3 月 30 日。

② 殷晓蓉：《互联网的发展对主流意识形态的影响及对策》，《新闻大学》2000 年第 3 期。

③ ［加］马歇尔·麦克卢汉：《理解媒介——论人的延伸》，何道宽译，商务印书馆 2000 年版，第 100 页。

第二，移动互联网媒介的出现对信息生产方式的变革。

移动互联网技术的快速发展使人们的生活发生改变，更重要的是对信息的发出端、信息内容的生产者以及整个社会文化环境带来的变革。“媒介即讯息”的言论由麦克卢汉提出，他认为，媒介形态本身就是蕴含了意义丰富的讯息，从媒介发展的历史变迁来看，每一种新的媒介形态的产生都会对社会产生重大影响。人们生产生活的方式方法、内容以及时空范围很大程度上是依赖媒介的。“技术的影响不仅是发生在意见和观念层面，而是不可抗拒地改变了人的感知模式。”[①] 海德格尔更是将技术看作是人类的命运，他指出：“技术比人类能够创造的任何东西都更深入地渗透进人类存在。”[②] 因此，依托移动互联网技术而产生的移动互联网媒介创造了一种新的感知世界的方式，打破了原先人们生存的社会环境。由于互联网的开放性、互动性、匿名性、跨时空性和技术门槛低等优势，社会信息的流动模式发生改变。一方面，在互联网的环境下，信息的传播不再是单向度的，大众拥有了话语权，有了参与文化生产的机会，人人都能成为信息的生产者和传播者；另一方面，生活节奏的加快使人们阅读、观看电视电影的时间变得短而零碎，内容也越来越微型化、短小化。

信息消费的新态势是消费方式日趋移动化，智能终端成为重要渠道。数字内容消费成为信息消费的增长点，从长篇大论的博客到精辟犀利的微博，从大投资大制作的影院电影到小投资小制作的微电影，媒体资讯越来越短小琐杂，网络传播方式越来越快捷高效。基于移动互联网技术和手机等移动小屏终端的文化形态，如微小说、微博、微电影、微名片、微新闻、手机游戏等携载“迷你型”内容，以一种群像形式亮相，迅速受到社会各阶层的青睐，为信息的生产和传播提供了新的平台和空间。这些篇幅短小、内容精致的新型艺术形式日益成为大众审美文化中的重要内容。这不仅是一种新的文化形态，更是一种生活方式、审美方式的转变。

踏入 21 世纪以来，媒介技术以其巨大的规模几乎渗透到社会的每一个角落，每个人都无法逃脱媒介技术的包围，我们每天都在与媒介打交

---

① ［加］埃里克·麦克卢汉：《麦克卢汉精粹》，何道宽译，南京大学出版社 2000 年版，第 238 页。

② ［美］迈克尔·海姆：《人机相伴：海德格尔和麦克卢汉》，王青译，《社会科学辑刊》2014 年第 4 期。

道，甚至已经把媒介建构的景观当作本真的自然，而对符号化的社会毫无察觉，依然乐在其中。媒介技术时刻包围着我们，主宰着我们的视听，它决定着现代人感知世界、认识世界的方式。哈罗德·伊尼斯（Harold A. Innis）认为，“一种新媒介的长处，将导致一种新文明的产生。”① 尼尔·波兹曼（Neil Postman）在《娱乐至死》中也指出，“不同的媒介不可能传达同样的思想，媒介自身的形式偏好某些特殊的内容，从而最终控制文化。”② 这也就是说，媒介在信息的交流与传播中，对文化的形成和偏好起着决定性的作用，即是“媒介即隐喻”③ 的主要意含。因此，媒介技术的演变发展是我们研究的重点，没有技术的不断进步，何来今日的电影、电视、互联网和手机。

作为社会生活中的个体，我们深刻地感受着移动互联网媒介给社会生活带来的变化，思考着它可能带给社会文化生活和心灵世界的改变，感受到我们已经进入一个全新的以移动互联网媒介为载体的文化消费和信息共享时代。从产业角度考虑，微电影、手机游戏等艺术形式的出现已经是业界对这一媒介技术变化做出的快速反应。然而，从学理上来说，迄今没有系统地去探讨过受众在移动互联网媒介这种便携的、小屏的、移动的媒介设备上浏览信息，与传统的电视、电脑等大屏媒介在使用习惯、情绪上有无差异？是否有规律可循？这些差异、规律对移动互联网媒介的传播模式带来了怎样的影响？

著名的冰山理论告诉我们，如果将人类意识比喻成一座冰山的话，通过语言等能够被外界观察到的行为表现的心理活动就属于浮出水面的那部分显意识范围，通常只占人类意识的5%，而更大一部分的内心世界——情感、感受、思维等潜意识则是隐藏在更深层、看不见的部分，占人类意识活动的95%。主流的传播学通常采用观察、访谈或是问卷调查等方法来获得数据，这种研究方法通常是人们心理所能意识到的部分，无法精确地探查人类真正内心所想，无从评估传播效果的潜意识层面。

所幸的是，认知神经科学的理论和研究框架为人脑潜意识的研究提供了切实可行的方法，可以系统地研究人的知觉、记忆、注意、情感、思维

---

① ［加］哈罗德·伊尼斯：《传播的偏向》，何道宽译，中国人民大学出版社2003年版，第34页。

② ［美］尼尔·波兹曼：《娱乐至死》，章艳译，广西师范大学出版社2011年版，第9页。

③ ［美］尼尔·波兹曼：《娱乐至死》，章艳译，广西师范大学出版社2011年版，第15页。

和决策等过程。新近的研究表明，传播学的研究除了传统的显意识维度外，情绪、注意等潜意识维度对传播效果、品牌形象等方面的研究也起着决定性作用。因此，本书将采用认知神经实验的方法，从大脑认知、情绪和注意力、眼球运动三个方面给出客观数据，在潜意识层面探讨受众使用移动互联网媒介浏览信息的规律，以此来探讨移动互联网媒介的传播模式，提高传播效益。

李思屈教授指出，“一种受大众欢迎的成功媒介本身也是大众生活形态的表征，是大众心灵结构及其需求的一种符号化的表现。”他将媒介符号的象征界、现实基础和真实域与日常生活中人的想象、思维和情感三个主观心理相对应，是对麦克卢汉“媒介是人的延伸”理论的推进，也为媒介效果研究实践操作提供了方法指导。“媒体既是生产者与消费者（受众）的交汇点，也是符号、日常生活、生产者与受众的交汇点。媒体像蛛网一样把其他要素组织在一起，形成各自的多边和双边关系；又像透镜一样映射出各要素之间的相互关系和内在结构。”① 这些观点无疑对本书移动互联网媒介的研究提供了视角。

二 研究问题

关于学术问题的研究，潘忠党教授曾提出：“所有的研究都是以提出问题为启动，以回答问题而暂时告一段落，这是学术研究的意义。”② 因此，我们的研究想法应该是来源于社会现实生活中的问题，进而进行逻辑推演、理论阐述、收集案例、分析和解决问题。当前的社会文化，已然被各种移动互联网媒介充斥，并深刻地改变着信息的生产和传播方式，同时也影响了受众媒介使用的习惯。那么如何去审视这些问题？又如何进行学术分析呢？

保罗·莱文森在《软边缘——信息革命的历史与未来》一书中提到，“任何信息技术所产生的影响都是复杂的意料之外的结果，加上我们能够对信息技术所产生的影响进行评价和可能的调整，我们登上了一个有关信息技术发展历史和发展未来的旅程，一个信息技术的发展如何对我们世界

① 李思屈：《传媒运作与日常生活的三重结构》，《西南民族大学学报》（人文社科版）2005 年第 3 期。

② 潘忠党：《反思、思维的独立和研究真问题》，《新闻大学》2008 年第 2 期。

产生影响力的旅程，一个信息技术的发展将如何影响未来的旅程。”① 当今社会，信息通信技术和媒介技术的发展，使得移动平台已经超越传统的台式电脑成为接入互联网的主要方式，人们媒介使用的习惯也随之改变。因此，本书的研究正是一次对移动互联网媒介的浏览规律、生产和传播方式的探索之旅。

本书拟解决“受众在移动互联网媒介上浏览信息的神经机制”的问题。为考察受众使用移动互联网媒介时对信息的记忆度、关注度、感兴趣程度以及视觉浏览规律，本书在借鉴前人研究范式的基础上，设定三个基本问题，对应3个认知神经实验——脑电实验、生理心理实验、眼动实验，模拟受众在移动互联网媒介上浏览信息的情境，从大脑认知、情绪反应、注意程度和眼动规律四个维度客观地评价受众在移动互联网媒介上浏览信息的脑神经机制和心理活动变化，探究受众在移动互联网媒介上浏览信息的神经机制、特征和规律。

从中国互联网络信息中心（CNNIC）2023年3月的统计数据可以看出，中国使用手机上网的人群占比已达95%以上，移动平台已超越传统的台式电脑成为接入互联网的主要方式②。因此，本书在开展实验时，以手机作为移动媒介的代表，与之相对应的，以电脑作为固定媒介的代表，从而实现控制变量的目的。

问题1：在电脑和手机两种媒介上浏览相同的信息内容时，受众对信息认知方式和记忆程度是否存在差异？

已有研究表明，脑电中的MMN（失匹配负波）成分对大脑皮层的感官信息主要与听觉信息的早期预处理活动——感觉记忆有关，它可以在非注意的外界变化的条件下产生③。MMN反映了听觉皮层和邻近颞上回皮质的激活过程，即反映的是被试在进行作业任务时受干扰的程度，由此可反推其完成作业任务时的注意程度和信息认知过程。④ 中国人民大学传播

---

① ［美］保罗·莱文森：《软边缘——信息革命的历史与未来》，熊澄宇等译，清华大学出版社2002年版，第10页。

② CNNIC最新数据显示：截至2022年12月底，中国网民中使用手机上网人群占比为99.8%，台式电脑、笔记本电脑、平板电脑的使用率分别为34.2%、32.8%、28.5%。

③ Frodl-Bauch, T., Kathmann, N., Möller, H. J. & Hegerl, U., “Dipole Localization and Test-Retest Reliability of Frequency and Duration Mismatch Negativity Generator Processes”, *Brain Topography*, Vol. 10, No. 1, 1997, pp. 3 – 8.

④ Jacobsen, T. & Schröger, E., “Is There Pre-Attentive Memory-Based Comparison of Pitch?”, *Psychophysiology*, Vol. 38, No. 4, 2001, pp. 723 – 727.

与认知科学实验室通过 ERP 实验，分别提取受众在报纸和电子书上阅读时的 MMN 成分，研究发现受众使用报纸和电子书阅读时大脑对信息的认知加工程度存在显著差异，在报纸上阅读新闻内容时注意力更集中，但电子书的认知发生更加全面均衡。[①] 基于此，根据研究问题 1，本书以一则微信新闻消息为受众阅读材料，模拟受众分别在电脑和手机上阅读的场景，提出假设 H1、假设 H1a、假设 H1b：

假设 H1：使用电脑和手机两种媒介阅读相同的新闻信息时，大脑对听觉信息的自动加工过程存在显著差异，这种差异体现在听觉 MMN 上。

假设 H1a：使用电脑阅读过程中的 MMN 振幅的绝对值小于使用手机阅读时的 MMN，说明手机更适合阅读。

假设 H1b：被试在使用电脑和手机阅读过程中投入的注意力资源存在差异。

问题 2：在电脑和手机两种媒介上浏览相同的信息内容时，受众的情绪反应和注意程度是否存在显著差异？

已有研究表明，心率（Heart Rate，HR）、皮肤电反应（Skin Conductance Response，SCR）等生理指标是标定个人情绪和注意变化的有效指标。[②] 人们在观看不同唤醒度的刺激材料时会引起皮肤电反应不同程度的变化，这一变化被证明与情绪的愉悦程度有关[③]，特别是与高强度唤醒的积极情绪相关[④]。Lang 研究发现，外界的变化和新异的刺激会诱发受众的朝向反应（orienting response），由于朝向反应是一种由外界变化所引发的、非自愿的自动反应，若媒介可以引发自动的注意力反应，则可增加传播的效果[⑤]。而朝向反应最直接的影响是造成心率的减速，这个发现被用于测量观众看电视时注意的变化情况，心率越慢对电视节目或信息内容的

① 中国人民大学传播与认知科学实验室：《媒介即信息：一项基于 MMN 的实证研究——关于纸质报纸和电纸书报纸的脑认知机制比较研究》，《国际新闻界》2010 年第 11 期。

② 徐景波、孟昭兰、王丽华：《正负性情绪的自主生理反应实验研究》，《心理科学》1995 年第 3 期。

③ Jäncke，L.，“An EMG Investigation of the Coactivation of Facial Muscles During the Presentation of Affect-Laden Stimuli”，*Journal of Psychophysiology*，No. 8，1994，pp. 1 – 10.

④ Ravaja，N.，“Contributions of psychophysiology to media research：review and recommendations”，*Media psychology*，Vol. 6，No. 2，2004，pp. 193 – 235.

⑤ Lang，A.，“Involuntary Attention and Physiological Arousal Evoked by Structural Features and Emotional Content in TV Commercials”，*Communication Research*，Vol. 17，No. 17，1990，pp. 275 – 299.

注意程度越高。[①] 基于此，根据研究问题 2，本书选取国际情感图片库（IAPS）中的图片为刺激材料，模拟受众分别在电脑和手机上观看图片的场景，提出假设 H2、假设 H2a、假设 H2b：

假设 H2：使用电脑和手机两种媒介观看情绪图片时，个人情绪的唤醒（arousal）水平和注意（attention）程度存在差异，这种差异体现在皮肤电反应（skin conductance response）和心率（heart rate）变化上。

假设 H2a：在注意（attention）水平上，受众使用手机观看情绪图片时的心率比使用电脑观看时的心率慢，说明在手机上观看图片时受众的注意程度更高。

假设 H2b：在唤醒（arousal）上，受众使用手机观看情绪图片时交感神经的皮肤电反应大于使用电脑观看时交感神经的皮肤电反应，说明图片在手机上引起的情绪唤起度较高。

问题 3：在电脑和手机两种媒介上浏览相同的信息内容时，受众的视觉浏览规律是否存在显著差异？

已有研究表明，人在进行无意注意或有意注意时，眼睛的视线总是对准知觉对象的某一点（眼睛的注视点），并不断地转动视线以转换注意的目标。眼动追踪的方法，可以记录人在观察屏幕信息时的注视过程和浏览倾向性，从而可以总结出人大脑加工信息的机理。眼球运动中注视点的位置可以了解观者内在的情感认知[②]，而眼球凝视的方式，可以了解视觉对信息的阅读策略与注意力的关系[③]。Lohse 等人研究发现，被试的眼睛对某一部分的注视时间长、注视次数多，瞳孔直径增加，则表明他们对这部分内容感兴趣[④]。因此可以通过眼动仪测量受众在观看刺激材料时的注视点个数、注视点持续时间、瞳孔面积大小等指标来评价受众的注意变化和

① Lang, A., Geiger, S., Strickwerda, M. & Sumner, J., "The Effects of Related and Unrelated Cuts on Television Viewers' Attention, Processing Capacity, and Memory", *Communication Research*, Vol. 20, No. 1, 1993, pp. 4 - 29.

② Posner, M. I., "Orienting of attention", *Quarterly Journal of Experimental Psychology*, Vol. 32, No. 1, 1980, pp. 3 - 25.

③ Williams, L. M., Loughland, C. M., Green, M. J., et al., "Emotion Perception in Schizophrenia: an Eye Movement Study Comparing the Effectiveness of Risperidone vs. Haloperidol", *Psychiatry Research*, Vol. 120, No. 1, 2003, pp. 13 - 27.

④ Lohse, G. L. & Wu, D. J., "Eye Movement Patterns on Chinese Yellow Pages Advertising", *Electronic Markets*, Vol. 11, No. 2, 2001, pp. 87 - 96.

视觉浏览规律。基于此，根据研究问题 3，本书选取建筑广告图片为刺激材料，模拟受众分别在电脑和手机上观看广告的场景，提出假设 H3、假设 H3a、假设 H3b、假设 H3c：

假设 H3：使用电脑和手机两种媒介观看广告图片时，个人感兴趣的区域和注意的过程存在显著差异，这种差异通过眼球的运动规律反应。

假设 H3a：被试使用手机观看广告的注视点持续时间大于电脑，说明用户对手机呈现的广告信息内容加工更深。

假设 H3b：被试使用手机观看广告时，注意力投入程度大于电脑，说明使用手机呈现广告更能让用户沉浸其中。

假设 H3c：被试使用手机观看广告的平均瞳孔面积大于电脑，说明手机上的广告更能引起用户的兴趣。

三　研究意义

诚如中国互联网络信息中心（CNNIC）2023 年的数据统计，中国使用手机上网人群占比已达到九成以上，其他各项指标也都指向一个趋势——我们正在进入一个移动互联网的时代。在这个时代，媒体的生态环境正发生又一轮的变化，与此同时，人们的媒介使用行为也相应地发生改变，如互联网的兴起对传统媒体的冲击那般。当下，一个发人深省的问题是，移动互联网媒介的兴起又引发了传播者、媒介、接受者哪些方面的变化？互联网对传统媒体的冲击，学者们的研究已经十分全面。但是，对移动互联网媒介的研究，以及从受众媒介使用行为和审美心理的角度，以实证的数据来展开的研究还为数不多。然而，这一变化造成的影响是颠覆性的，业界已经有相应的内容、产业去应对这一移动趋势（如微电影、手机游戏等），而学界的理论研究却略显薄弱。作为博士论文的延伸，本书试图从学理上充实这一部分的研究。

本书关于移动互联网媒介和用户之间的关系、用户的审美心理的讨论是具有理论和实践意义的。麦克卢汉曾说，“任何媒介（即人的任何延伸）对个人和社会的任何影响，都是由于新的尺度产生的，我们的任何一种延伸（或说任何一种新的技术），都在我们的事物中引起一种新的尺度。”①

① ［加］马歇尔·麦克卢汉：《理解媒介——论人的延伸》，何道宽译，商务印书馆2000 年版，第 33 页。

媒体技术的重要意义在于它对传播体系、社会结构、社会政治权力形式、人的思维方式等诸多变化所起的重要作用。大卫·阿什德（David L. Altheide）也指出，任何一种新媒介的出现和广泛使用，都会重塑一个新的媒介生态——包括信息和承载信息的基础设备的生产和传播形态①。因此可以说，移动互联网的出现自然也就造就了新的社会关系和运作方式。

本书对完善和建构包括认知、情绪加工和眼动行为的用户移动互联网媒介使用习惯、信息接收规律具有重要的理论意义，同时对今后移动互联网媒介信息内容的生产以及传播效果的评价具有较显著的实际应用价值。

（一）理论意义

从传播媒介的角度来看，电影使用银幕成像，电视通过荧幕呈现；电影在影院中观赏，电视在家里收看。虽然电影与电视作为视听合一的综合体在符号上是等值的，但两者在媒介方面的差异，使观众通过不同的心理现象和接受过程完成审美体验。“电影观众在‘暗夜’中走入银幕里的梦幻世界，而电视观众则在现实生活中与屏幕里的‘第二生活空间’和谐共处。”②“总之，电影银幕和电视荧幕的区别，会给观众带来关于电影和电视最直观的不同欣赏和感受。即使是同一艺术文本、相同的观众，分别通过电影和电视两种媒介来观看的话，由于媒介特性的限制，也会在心理上产生不同的效果。”③

新媒体时代，移动互联网媒介出现的意义也等同于电视荧幕与电影银幕的区别。人们最初仅仅只把它视为屏幕大小上的差别，殊不知这种量变所引起的质变对传播业所带来的影响。那么，我们是否可以同理认为移动互联网媒介不是简单地将电视、电脑缩小，它是否能成为一门独立的艺术呢？如同电影美学与电视美学不同的审美特征一样，我们是否可以发现移动互联网媒介与电视、电脑等传统媒介的差异，以及受众在使用方式上产生的不同感受？对于相同的信息文本，受众的接受过程是否会在心理上产生不同的效果？认知神经科学的发展为测量情感、审美感知等心理反应提供了科学的方法，本书拟通过认知实验来量化这种不同，借鉴电影美学到

① ［美］大卫·阿什德：《传播生态学：控制的文化范式》，邵志泽译，华夏出版社2003年版，第50页。

② 中国社会科学院外国文学研究所《文艺理论译丛》编辑委员会：《文艺理论译丛》（第一期），中国文联出版公司1983年版，第245页。

③ 秦俊香：《影视艺术心理学》，中国广播电视出版社2009年版，第170页。

电视美学变化，试图建构“小屏美学（small-screen aesthetics）”的概念，由此丰富移动互联网时代的信息传播理论。

（二）实践意义

进入21世纪第二个10年以来，面对层出不穷的新媒介，受众的需求也随之高涨，他们对媒介的期望值一天比一天高，从无目的的接受者转变为有目的的使用者。基于移动互联网技术的信息传播，小屏设备以其工具性、实用性和便捷性，成为人们阅读、娱乐、社交、工作的重要渠道之一。

马克思主义理论认为科学技术是第一生产力。小屏的出现给人类的生产生活带来的这些变化使我们看到了技术的重要性。虽然小屏的出现不是引起受众信息接受行为以及传播模式变化的唯一要素，但传播形态这一变化引起了业界的关注，微电影、微视频、碎片化阅读、手机游戏的出现正是业界对于这一变化的回应。遗憾的是，学理上的研究却较为匮乏。如文献综述中的梳理，学界对于“小屏”的研究多从技术的角度，评估手机界面的可用性，较少地将这种技术的变化带入传播学进行研究，从用户的角度系统考察小屏的传播规律，一是体现在眼动指标上，二是神经和生理上情绪唤起、效价以及激活的脑区的差异。

通过实验的实证研究，本书试图去量化这种“碎片化”的现象，归纳出一套小屏的信息接收规律。从实践意义上来说，本书的成果将对小屏电子设备的内容生产和传播模式提供借鉴，更深远的意义是它有可能对人际交往模式、情感和感觉方式带来影响。

四　研究方法、内容与创新点

（一）研究方法

哲学家托马斯·库恩（Thomas S. Kuhn）曾经提到，科学的发展具有间歇性[①]。当一个学科发展到某些关键时刻，就会有该学科的理论框架建立，这个框架就构成了研究的基础。丹尼尔·卡尼曼（Daniel Kahneman）关于“框架效应（framing effects）”的实验研究表明，“人类的行为和决策常处于非理性状态，过去单纯靠问卷、访谈等主观的研究方式不能完全

① ［美］托马斯·库恩：《科学革命的结构》，金吾伦、胡新和译，北京大学出版社2003年版，第36页。

真实地反映出人们的潜意识和决策的自动加工过程。”① 因而基于人的潜意识的认知神经科学研究走上了历史的舞台，社会科学的研究开始转向认知神经科学，越来越多的学者开始使用“启动效应（priming effect）”“沉锚效应（anchoring effect）”等心理学现象来重新审视和解释社会科学的问题，这一次转向如同语言学带来文科研究的“哥白尼式”的革命。

根据研究问题，本书以相关文献、理论回顾作为基础，采用认知神经实验的方法，遵循“提出问题—文献评述—形成假设—实验方案设计—开展实验—数据分析—得出结论”的步骤展开研究。

1. 文献研究

文献研究是指围绕本书问题和研究目的，检索、阅读、总结该研究领域的国内外相关研究成果，从而提出研究问题，构建研究模型，为下一步的实证或实验研究做准备。②

本书主要从学术专著、期刊文章和学位论文三个方面检索文献，文献搜索渠道借助浙江大学图书馆庞大的数据库，在中国知网（CNKI）、Web of Science 等中文、外文数据库进行关键词检索。查阅书籍以及文献检索的关键词包括“移动互联网”“媒介技术”“传播效果”“认知神经科学”“事件相关电位”“失匹配负波 MMN”“情绪”“注意”“视觉规律”等。在阅读相关著作和文献的基础上，梳理与本书问题相关成果的脉络，总结已有研究的不足，了解研究进展，为本书的实验设计、结果讨论等提供基础。

2. 实验研究

实验研究即是采用认知神经实验的方法，通过采集被试使用移动互联网媒介设备获取信息的脑电 ERP、皮肤电和眼动指标数据，探讨受众在使用移动互联网媒介浏览信息（新闻信息、广告信息）的视觉规律、情绪唤起程度以及相应激活的脑区成分，分析技术的变化对传播信息内容的生产带来的变化，从心理学的角度为信息传播模式的变化提供理论依据，也为信息内容的生产提供参考。

在进行脑电实验时，采用 Neuroscan 4.5 软硬件系统采集被试脑电放

---

① ［美］丹尼尔·卡尼曼：《思考，快与慢》，胡晓姣、李爱民、何梦莹译，中信出版社2012 年版，第 154 页。

② 舒良超：《基于决策神经科学的不确定决策机理研究》，博士学位论文，浙江大学，2009 年。

大信号。在 oddball 实验范式下，考察激活的 MMN（失匹配负波）成分的特征，记录受众使用小屏媒介时脑自动信息加工能力、早期感知觉尤其是皮质听觉前注意加工的认知过程。

在进行生理、心理探测实验时，采用美国 BioPac 公司生产的 MP150 型多导生理记录仪和 BioPac 数据采集系统，进行皮肤电和心率的采集，记录被试在小屏媒介浏览信息时的情绪反应和注意力变化。

在进行眼动实验时，采用瑞典 Tobii Technology 公司开发的 Tobii Glasses 眼动仪记录被试浏览信息时的眼动指标，如注视点持续时间、注视点个数、造访次数、瞳孔面积大小等，通过这些指标的收集，构建受众在小屏媒介浏览信息的视觉注意规律。

实验研究严格遵照各实验设备的操作规范和数据处理要求进行实验和数据分析。完整的实验流程包括以下三个步骤：①实验准备阶段：包括实验方法的选择与设计、制作刺激材料、编写实验程序、招募实验被试和预实验等；②实验实施阶段：包括实验设备的调试、实验前指导和数据采集等；③数据分析阶段：包括行为与脑电数据、皮肤电数据、眼动数据的预处理、统计分析，利用 SPSS 软件对各指标进行显著性检验。

（二）研究内容

本书围绕核心问题“受众在移动互联网媒介上信息浏览的规律是什么”展开讨论，采用认知神经科学的实验方法，探究新媒体时代受众在移动互联网媒介上浏览信息的认知过程、情绪反应以及视觉规律，从而为移动互联网媒介上信息内容的生产和传播模式提供借鉴。全文共分为七个章节。

在绪论部分，主要介绍本书的背景，在研究背景下进一步讨论该话题的重要意义，同时引出本书要讨论的问题——受众在移动互联网媒介上信息浏览的规律，介绍本书的研究方法、主要内容和创新点，最后给出本书的整体研究框架。

第一章是文献综述。在传播学的视角，从移动互联网背景下的多屏传播、手机传播等方面，总结移动互联网媒介传播的特点和效果的相关研究成果；在美学的视角，从媒介技术的演变及受众审美心理变化等方面进行梳理；从认知神经科学的视角，归纳了本书涉及的方法在医学、心理学和管理学的运用，将其作为本书方法论的支撑。通过对这三个学科与本书研究问题相关研究成果的梳理，挖掘此前相关领域的研究空白，找到本书的立足点。

第二章是研究方法介绍。本章将从方法论到具体操作层面对本书所涉及的认知神经科学的实验方法进行说明。主要分为两个部分，第一节介绍了传统传播学在效果评价、受众心理、行为等方面研究的局限性，以及认知神经科学的方法在人类大脑认知活动和对人类思维的潜意识层面测量的准确性、优越性，由此提出传播学和认知神经科学的“联姻”，和已有的研究成果对本书的借鉴。第二节则系统地介绍了本书所采用的脑电实验、生理心理实验（主要测量皮肤电和心率）和眼动实验的实验范式，并分别介绍每个实验中选用的评价指标：认知层面对应的脑电成分中的失匹配负波（MMN）；情绪层面对应的心率和皮肤电反应；注意层面对应的通过眼动设备记录的注视点持续时间、注视点个数、瞳孔面积大小等眼动指标。

第三章到第五章是本书的主体部分，分别设计三个心理学实验——脑电实验、生理心理实验、眼动实验，收集受众在移动互联网媒介上浏览信息时的相关数据，从大脑认知、情绪反应、注意程度和视觉规律四个维度总结受众在移动互联网媒介上浏览信息的规律。从中国互联网络信息中心（CNNIC）发布的第 51 次《中国互联网络发展状况统计报告》数据我们已经知道，我国网民上网设备逐渐向移动端转移，移动平台已成为网民接入互联网的主要方式。因此，本书的研究在开展实验时，以手机作为移动媒介的代表，与之相对应的，以电脑作为固定媒介的代表，从而实现了控制变量的目的。

第三章是脑电实验。实验采用 2（媒介类型：电脑、手机）×2（声音刺激类型：1000Hz、1300Hz）混合实验设计，在传统 oddball 范式下，诱发被试在使用不同媒介时，在不同频率的声音刺激下的 MMN 波幅和潜伏期的特征，以评定被试在使用不同媒介时人脑对信息的自动加工能力。最后是主观层面的认知效果评定问卷和客观层面的脑电测量数据对照，评定新闻内容在不同媒介上的传播效果。

第四章是生理、心理实验。实验采用 2（媒介类型：电脑、手机）×2（图片类型：愉快、悲伤）的两因素实验设计，考察被试在观看情绪图片时的皮肤电反应和心率变化，用以衡量被试在不同媒介上观看图片时情绪唤起程度和注意程度的差异，客观地评价用户在不同媒介上信息的浏览规律。

第五章是眼动实验。实验采用2（媒介类型：电脑、手机）×2（图文比例：图片比例大、图片比例小）的实验设计，找出被试在不同媒介上进行阅读时眼动指标（注视点持续时间、注意力投入程度、平均瞳孔面积大小）的差异，以便了解用户在不同媒介上感兴趣或注意的空间位置及注意的转移过程等眼球运动规律，最后结合实验后的记忆测验和美感情绪评定表，客观地评价用户在不同媒介上浏览信息的视觉规律。

最后是本书的结语部分。综合前文的实验研究，对受众在小屏媒介上浏览信息的认知过程、情绪反应和视觉规律进行总结，根据实验结果给出了在传播实践中的指导意义以及应用价值，同时也总结了本书在研究中存在的不足，以及下一步研究的可能性。

（三）创新点

对于传播学而言，从媒介技术与信息传播模式变革的历史来看，任何一种新媒介技术的产生，都会带来一种新的传播模式。传播模式是人类各种传播议题的核心，因此对于传播模式的研究我们并不陌生。新媒体时代，伴随着移动互联网的高速发展，移动互联网媒介的移动性以及便携性完全符合现代人“碎片化”阅读的需求，人们对信息的这种感知体验的变化将对传播业带来影响，那么如何去量化这种变化呢？

对于媒介传播效果的评估不能仅仅局限在“阅读量”这一最基本层面，更重要的是要触及用户的心理层面。扎克·林奇（Zack Lynch）在《第四次革命——看神经科技如何改变我们的未来》一书中提到，“‘神经技术’已经不仅局限于医疗领域，法律、金融、军事、艺术等各个领域都迫不及待地与它展开更‘亲密’的接触。”[①] 他预言神经革命将再次颠覆人类生活、工作和娱乐。神经科技作为新的技术（如用于探究我们大脑的脑成像技术），正逐渐影响着人类生活的方方面面。本书站在受众的视角，以认知神经实验为核心研究方法，通过采集脑电、皮肤电、心率和眼动数据来分析受众在移动互联网媒介上浏览信息的规律以及审美体验的变化，打开了大脑活动对传播效果研究的“黑箱”，有效地反映出人们对移动互联网媒介所传播信息的自动加工过程和控制过程，从潜意识层面为信息传播模式的变化提供客观数据支撑，为信息内容的生产提供参考。

① ［美］扎克·林奇：《第四次革命——看神经科技如何改变我们的未来》，暴永宁、王惠译，科学出版社2011年版，第4页。

如吴飞教授所言，“传播学研究需要走出学科的迷障，以研究问题而不是学科定位为出发点……传播学需要关注一些人类普遍关心但没有解决好的问题。”① 本书的研究并没有局限在传播学界内，而是立足于传播学，在研究方法上引入了认知神经科学、实验心理学的方法，在理论上进行了“小屏美学”的大胆创新。

① 吴飞：《传播学研究的自主性反思》，《浙江大学学报》（人文社会科学版）2009 年第 2 期。

第一章

移动互联网媒介的多学科研究

列宁曾说："在社会科学领域上有一种最可靠的方法，它是真正养成正确分析这个问题的本领……就是不要忘记基本的历史联系，考虑每个问题都要看某种现象在历史上怎么产生，在发展过程中经过了哪些主要阶段，并根据这种发展去考察这一事物现在是什么样的。"①

在传播史上，曾经发生过两次巨大的革命，这就是语言的产生和文字的产生。这两次革命都对人类生活产生了极其深刻的影响。前语言时代的人绝对不能想象，语言的产生作为信息传播方式的一场革命，将如何启动了人类文明的车轮。同样，在印刷术的革命以前，人们也难以相信小小的铅印机竟然会成为西方宗教改革的前提，进而孕育出整个欧洲，乃至整个世界为之巨变的资本主义精神。目前，人类正面临着新的转折点，一场新的传播革命——移动互联网媒介技术革命已经来到我们身边，它对人类的文化生产方式、审美方式、传播方式带来了怎样的变化呢？

关于小屏媒介的研究是一个方兴未艾、充满意涵的话题，它本身也是一个涉及多学科、多维度的话题，既创造了丰富的研究空间，又使得对其进行理论建构千头万绪。本书的研究综述将从理论和方法两方面开展。在理论方面，从传播学、美学两方面梳理与移动互联网媒介传播及审美相关的研究成果；在方法方面，将对认知神经科学这一新兴的研究方法的应用成果进行回顾，由此建构本书的研究问题——受众在小屏媒介上的信息浏览规律的理论基础。

---

① 中共中央马克思恩格斯列宁斯大林著作编译局：《列宁专题文集：论辩证唯物主义和历史唯物主义》，人民出版社2009年版，第283页。

第一节 移动互联网媒介的界定

数字媒介研究先驱，加拿大的传播学者马歇尔·麦克卢汉（Marshall McLuhan）曾这样说过："两种媒介杂交或交汇的时刻，是发现真理和给人启示的时刻，由此产生新的媒介形式。因为两种媒介的相似性，使我们停留在两种媒介的边界上。这使我们从自恋和麻木状态中惊醒过来。媒介交汇的时刻，是我们从平常的恍惚和麻木状态中获得自由解放的时刻，这种恍惚麻木状态是感知强加在我们身上的。"[①] 我们可以从这段话中得到启示：由媒介融合产生新媒介的时刻，是我们重新思考和摆脱麻木的时刻；也正是在这样的时刻，我们尤其需要在"自由"中认真思考。

"互联网一代"的我们也有着"手机一代"的标签，而当下，我们正在进入"移动互联网时代"。通常来说，移动互联网是移动通信和（固定）互联网的结合。然而，学术界、业界对移动互联网的定义却存有争议。笔者根据资料对目前关于移动互联网的说法做了如下梳理。总的说来，包括如下三个方面：

一 以移动网为中心的定义

这个角度的定义认为采用智能手机、手持数字助理、笔记本电脑和平板电脑等移动终端，通过移动网接入开放互联网、无线接入协议（WAP）、IP多媒体协议（IMS）等的互联网业务，都可以称之为移动互联网。这一解释认为移动互联网是"移动网"的发展，只是所提供的服务从传统移动通信业务发展到了"互联网业务"，终端从手机发展到了多种智能终端[②]。然而，这个定义中，混淆了"移动网"和"互联网业务"两个概念，从广义的层面来说，移动网包括链路层、网络层、内容层和应用层，而这个定义中似乎只是提到了蜂窝移动网。

① ［加］马歇尔·麦克卢汉：《理解媒介——论人的延伸》，何道宽译，商务印书馆2000年版，第91页。

② 何宝宏：《从固定互联网到移动互联网》，《信息通信技术》2010年第4期。

二　以 Web 为中心的定义

这个角度的定义认为，通过移动设备（如 PDA、手机）或其他便携设备（如上网本等）连接到公共网络访问万维网（World-Wide-Web，WWW）的就是移动互联网。这一理解源自互联网界，认为移动互联网是互联网的一种延伸，突出强调手持终端在 Web 层面带来的差异性。当然，这样的差异既有优势也有劣势，优势在于移动性、便携性和定位功能；劣势在于接入速度慢和终端屏幕较小等①。但这样的界定也有一定的局限，虽然大部分对互联网的访问都是采用 Web 方式，但目前日益流行的移动端 App 已经超越了这个定义的范畴。

三　以终端为中心的定义

以移动终端（广义的移动终端，不止包括手机）为中心，通过用户界面，开发工具、硬件、分布式处理以及 3G + WLAN 等无线接入能力，对互联网和移动产业的生态进行优化，获取移动通信网络服务，提供全新的体验模式就是移动互联网。这种定义角度强调“移动”体验。苹果公司自 2007 年起开始了基于移动终端的技术和服务创新，iPhone、iTouch 和 App Store 等出现引领了移动互联网的新时代。

互联网以新媒体的身份几乎改变了我们每个人的生活，而移动互联网的出现仅仅是互联网的延伸还是一种新的传播方式或新的体验？在本书中，笔者认为综合第二和第三种定义似乎更能反映移动互联网作为一种新媒介的特性，即认为移动互联网既是互联网的延伸，也是互联网的“移动化”。正如保罗·莱文森（Paul Levinson）在“补偿性媒介”理论中所说：“任何一种后继的媒介都是一种补救措施，是对过去某一种媒介缺失的功能的补足。”② 移动互联网消除了固定的位置对我们的“禁锢”，给予了我们“自由”，同时它也是以移动终端体验互联网的一种新模式，“重塑了移动互联网所触及的一切生活形态”③。

---

① 赵晓红：《有关移动互联网的研究观察》，《技术与市场》2015 年第 6 期。

② ［美］保罗·莱文森：《莱文森精粹》，何道宽译，中国人民大学出版社 2007 年版，第 5 页。

③ ［加］马歇尔·麦克卢汉：《理解媒介——论人的延伸》，何道宽译，商务印书馆 2000 年版，第 36 页。

如果说互联网为我们展开了一个偌大的扁平化的世界，那么移动互联网则让每个人都成为世界的“中心”。信息的接受和发送都以与人为伴的移动设备来完成，而不再是一台台冰冷固定的机器，彻底颠覆了人们获取信息的方式，信息的“媒介”真正成为人们的“附庸”“工具”和“手段”。有了移动互联网，以前无法在非网络环境下获得的信息变成了可能。如实时查询路况、航班信息、车票余票信息，随时查询周围的餐厅位置、评价及折扣信息等，以前看似复杂的事情现在变得轻而易举；有了移动互联网，原先通过网络获得的“点状”信息在“人”的身上得到了汇聚，信息由以往“静态”的存在状态因为“人”的行动线索而科学有效地串联了起来，往常因为一个时间变化而导致的安排混乱现在可以随时调整，即时更新的信息让人们即使没有安排也可能处处有惊喜。

总而言之，移动互联网为世界上无数的信息找到了以“人”为核心的源头，改变了对信息价值的判断方式——“此时此地真实有效”的信息成为可能。如果说互联网上每一节点都是一个独立存在的信息，移动互联网则将这些信息聚合为数量更少、布局更清晰的以人为核心的信息集。美国富布赖特高级学者延森（Klaus Bruhn Jensen）教授认为，“今时今日的移动互联网媒介新就新在它们无论在程度上还是范围上，都进入到了日益增加的传播的‘同步性、本地化和个性化’的每日实践，重构了当下人们的传播环境。”① 这样的改变可以说是革命性的，对于一个媒介使用者，以及媒介研究者，这样的触动是激动人心的。无论是媒介研究理论或是媒介使用实践，都是极其丰富的领域。

基于此，笔者在移动互联网的基础上，对本书所研究的移动互联网媒介进行如下界定：所谓移动互联网媒介，是指个人的、便携式的、用户控制的、交互的、能接入互联网的、可实现用户之间和用户与网络之间信息交换与共享的平台。这也就是说，古老的以口语、手势为媒介，甚至是现在的移动公交电视，以及第一代只有通话功能的模拟手机并不在本书的讨论范围。本书所研究的移动互联网媒介，就是指数字化的、交互式的、可移动的、可上网的个人便携式新媒体，它以智能手机为代表，包括平板电脑、电子阅读器、电子游戏机等一系列手持设备。所以移动互联网传播就

① Klaus Bruhn Jenson, “What's Mobile in Mobile Communication?”, *Mobile Media & Communication*, Vol. 1, No. 1, 2003, pp. 26 – 31.

是基于移动互联网媒介的传播，是通过各种移动平台，在用户之间、用户与网络之间进行信息交换的传播过程。从CNNIC最新的《第51次中国互联网络发展状况统计报告》（2023年3月）的数据可以看出，移动平台已超越传统的台式电脑成为接入互联网的主要方式，可以说，移动传播是网络传播的新发展，是新媒体发展的必然趋势。

第二节　传播学视角的研究

一　移动互联网传播

也许正是由于移动互联网给我们的社会生活带来的便利性，目前，移动互联网正高速地发展着，其发展速度远超出当时的互联网，且越来越多地引发了研究者对它的关注。在中国知网上以“移动互联网”为篇名检索词进行搜索，可以发现我国学者对移动互联网的研究有一个十分明显的时间分界线，即2009年。我国于2009年1月正式发放3G牌照，在此之前，由于我国对Wi-Fi的分布控制，以及2G时代上网速度的限制，我国的移动互联网技术以及研究都相对滞后，此时的研究多为预测性分析。牌照颁布之后，国家对3G技术大力推广，各种移动终端（尤其是以iPhone为代表的智能终端）普及，移动互联网的发展在我国呈现了一个井喷态势。正是由于应用的不断发展，相关研究也不断丰富。

（一）技术传播角度

关于移动互联网的研究大致可以分为两类，第一类是从技术角度进行的研究。这类研究者几乎是移动通信行业、互联网行业的从业人员或是移动通信技术的研究者。例如，何宝宏、刘东明以及向文杰等人介绍了移动互联网的发展历史、体系架构并提出了未来发展可能面临的问题以及应对措施①。方春晖、罗军舟等人从移动终端、应用服务、性能优化等方面提出了对未来移动互联网运营的展望②；宋维、胡世良等人分析了移动互联网的特点及其应用，总结了移动互联网高便携性、隐私性和应用轻便性的

① 何宝宏：《从固定互联网到移动互联网》，《信息通信技术》2010年第4期；刘东明：《移动互联网发展分析》，《信息通信技术》2010年第4期；向文杰：《移动互联网发展的回顾与展望》，《电信技术》2009年第1期。

② 方春晖：《移动互联网业务运营思考与建议》，《信息网络》2010年第8期；罗军舟、吴文甲、杨明：《移动互联网：终端、网络与服务》，《计算机学报》2011年第11期。

特征[①]；樊自甫、万晓榆、管文明、刘昌华、张巧琳、张宏科、王明会等众多学者，从物理层、数据链路层和网络层等方面介绍了 OFDM 技术、多业务链路层技术、移动 IPv6 技术，从技术的角度分析了移动互联网技术热点、应用热点和未来走向[②]；在 3G 技术的推动下，众多学者从市场方面分析了移动互联网技术产业的前景，指出了移动搜索引擎、社区和群组管理的技术引擎[③]、MID 类产品、上网本与上网卡等产业基点[④]，并提出移动 UGC、内容共享、移动游戏等业务，以及移动通信与互联网结合产生的移动互联网媒体的融合发展趋势[⑤]。但与此同时，移动互联网技术的快速发展也暴露了自身和监管的一些问题。有学者指出移动互联网的发展受频率资源以及移动终端本身特点的限制，不能过于夸大无线互联网的作用，只有在移动终端、网络环境、资费、服务应用、信息质量和用户参与度等因素的多重作用下，才能共同做大做强 3G 市场，革新未来的互联网传播业。[⑥] 除了文献方面的研究，关于移动互联网技术研究的领域还有大量专著，如中兴通讯学院在《对话移动互联网》[⑦] 一书中对移动互联网的技术、业务，对业界各方的影响以及未来发展做了全面的论述；而《我手机：手机和它命名的时代》[⑧] 一书以手机为例，讲述了这个由手机和手机命名的时代在文化、社会、财富、传播和美学方面发生的巨大影响；高邦仁和王煜金合著的《流动的世界——奔向移动互联网时代的生活》[⑨] 中以一个虚拟人物 Zero 的生活为我们展现了移动互联网的未来。

---

① 宋维：《浅析移动互联网》，《中小企业管理与科技（下旬刊）》2010 年第 8 期；胡世良：《移动互联网发展的八大特征》，《信息网络》2010 年第 8 期。

② 樊自甫、万晓榆、管文明：《未来无限移动互联网技术的发展探讨》，《电讯技术》2003 年第 5 期；刘昌华、张巧琳：《试论未来的移动互联网技术》，《武汉工业学院学报》2004 年第 3 期；张宏科：《移动互联网络技术的现状与未来》，《电信科学》2004 年第 10 期；王明会：《移动互联网技术及应用热点浅析》，《信息通信技术》2010 年第 4 期；王明会：《移动互联网技术及应用热点浅析》，《信息通信技术》2010 年第 4 期。

③ 吴伟、王志勤：《移动互联网技术标准》，《中兴通讯技术》2009 年第 4 期。

④ 谢萌：《3G 时代移动互联网展望》，《科技和产业》2009 年第 3 期。

⑤ 庾志成：《移动互联网的发展现状和发展趋势》，《移动通信》2008 年第 9 期。

⑥ 雷震洲：《移动终端贵在移动》，《世界电信》2009 年第 8 期；匡文波：《Web2. 0 的反思》，《国际新闻界》2009 年第 3 期。

⑦ 中国通信学会组编：《对话移动互联网》，人民邮电出版社 2010 年版。

⑧ 晓白、朝西、曾帅：《我手机——手机和它命名的时代》，广东教育出版社 2009 年版。

⑨ 高邦仁、王煜金：《流动的世界——奔向移动互联网时代的生活》，清华大学出版社 2010 年版。

（二）传播理论角度

从技术角度对移动互联网的研究还有很多，作为一个非技术领域的研究者，笔者并不可能也无意于在本书中全面地综述和归纳这一领域的研究成果，而是选择移动互联网和传播学的结合点，试图从以往的研究中找出一些缺失的地方，即将移动互联网视为一种媒介，从用户的角度论述其媒介效果。为此，笔者从如下几个方面对移动互联网和传播学的结合进行综述：

1. 以主要的移动互联网终端——手机为对象的研究

20 世纪 70 年代发明的手机，作为人类社会的一种信息沟通工具是一种新兴的移动互联网传播媒介，人们冠以手机媒介是更多地从传播学的角度来解释这种新兴的传播工具。在手机短信或手机报诞生以前，手机的主要用途是进行语音通信服务，暂时不具备媒体传播的特征，但不代表手机就不是媒介。对于以手机为代表的移动互联网媒介对个人的生活方式及社会生产方式的影响，尼古拉斯·尼葛洛庞帝（Nicholas Negroponte）在其《数字化生存》一书中就预言："互联网所描绘的'数字化''虚拟化'的世界正是当下真实的生活方式，现在的人们结缘于网络空间，其社交圈子可以是全世界。"① 保罗·莱文森（Paul Levinson）在他的著作《手机：挡不住的呼唤》中专门研究了手机媒介对人类生活产生的意义，他认为："手机连接了互联网所覆盖的一切媒介，斩断了将他们束缚在固定空间的绳索，让他们都移动起来。因此，每一个拥有手机的人就随身携带了一个流动的家园，一个实时交流的社会应运而生。"② 中国人民大学的匡文波教授也有类似的观点，他认为，作为媒介的手机是借助手机进行信息传播的工具，随着通信技术、计算机技术的发展与普及，手机就是具有通信功能的迷你电脑，手机媒介就是网络媒介的延伸。③ 尼葛洛庞帝、莱文森和匡文波教授的这一预言，在今天就成了现实。

移动互联网时代，新媒体的出现使信息传播的媒介开始向传播终端转型，作为移动媒介终端最为典型代表——手机已经完全渗透进我们的日常

---

① ［美］尼古拉斯·尼葛洛庞帝：《数字化生存》，胡泳、范海燕译，海南出版社 1997 年版，第 257 页。

② ［美］保罗·莱文森：《手机：挡不住的呼唤》，何道宽译，中国人民大学出版社 2004 年版，第 20 页。

③ 匡文波：《手机媒体概论》，中国人民大学出版社 2006 年版，第 16 页。

生活。中国人民大学的匡文波教授是国内最早开始研究手机这一移动互联网媒介的学者之一，他将手机定义为“信息传播的工具”①。北京大学的刘德寰教授则将移动终端不离手的这一类人群称为“手机人”②。汪民安教授将手机视为身体的一个新器官，他指出：“手机这个新器官使人体发生‘进化’，增强了人的潜能，手机改变了个人的习性，使得其拥有者在某种意义上变成一个新的生物体。信息社会，手机拜物教已经形成，现在的人们生活完全依赖于手机。同时，社会也依托手机制定了新的交往模式。”③

从手机媒体的传播方式来说，大多数学者都指出了移动性、即时性、互动性等特征。Ling 以手机传播为例，指出能为人们提供随时随地的传播是手机真正的创新之一，也将带来最伟大的社会影响。④ 匡文波认为：“手机这种移动互联网媒介独特的地方在于它消除了传统新闻传播的时空限制、传播者和受众的界限以及媒介之间的隔断，在内容和形式上都变得多元化。”⑤ 其传播优势表现为“移动化、去中心化、开放式、即时性和互动性”⑥。段永朝在他的著作《互联网：碎片化生存》中说道：“手机媒介突破了传统媒介的时空限制，通过互联网的连线，几乎实现了‘历遍’世界各地，以‘并发’的形式实现‘遥在’，从而达到多地共存的境界。”⑦ 田静从时空的维度阐释了手机媒体的移动性，她认为，手机媒体使人们地域感消失，个体的碎片化和原子化加剧，从密度上表现为时空的进一步压缩，从厚度上表现为时空的多重重叠。⑧ 张建、林雪涛则从审美观念变迁的角度说明了手机传播这一信息传播方式的改变给人们审美生活带来的深层变化，具体表现在审美交互的主体性、审美客体的虚拟性、审美体验的主动性以及审美创作的个性化、生活化。⑨ 然而，余丽蓉、冯

① 匡文波：《论手机媒体》，《国际新闻界》2003 年第 3 期。

② 刘德寰：《正在发生的未来——手机人的族群与趋势》，机械工业出版社 2012 年版，第 1 页。

③ 汪民安：《手机：身体与社会》，《文艺研究》2009 年第 7 期。

④ Ling，R.，“The Social and Cultural Consequences of Mobile Telephony as Seen in the Norwegian Context”，*Telenor R&D Report*，2002，9.

⑤ 匡文波、王权：《手机媒体发展的三大趋势》，《传媒》2010 年第 5 期。

⑥ 匡文波：《论手机媒体》，《国际新闻界》2003 年第 3 期。

⑦ 段永朝：《互联网：碎片化生存》，中信出版社 2009 年版，第 16 页。

⑧ 田静：《手机媒体移动性的时空解析》，《新闻大学》2015 年第 2 期。

⑨ 张建、林雪涛：《3G 时代手机媒体的审美特征》，《新闻界》2011 年第 3 期。

宜、汤莉萍等人在认可手机媒体快速发展以及给人们生产生活带来诸多便利的同时，也指出了其便利性、开放性等特征使得手机媒体在信息传播方面因监管失范、把关不严而暴露的不良信息泛滥、手机传播乱象等现象[①]。

关于手机媒体这一新兴的移动互联网媒介，除了美国的媒介研究者保罗·莱文森（Paul Levinson）在《手机：挡不住的呼唤》一书中对手机媒体的媒介形态进行了翔实的理论阐述，以及奥地利学者格拉尔德·赖施尔（Gerald Reischl）和海因茨·苏恩德（Heihg Sundt）在《第四个"W"——移动电话的妙用》[②] 中介绍的无线万维网给我们生活带来的影响这样的专著，国内众多传播学者也对手机媒体进行了较为全面的研究。匡文波的《手机媒体概论》一书提纲挈领，从手机的历史沿革到未来经营策略，对手机媒体的特征、用户行为特征以及发展模式进行了深入的分析。[③] 靖鸣、刘锐的《手机传播学》从技术方面、社会学层面、新闻传播层面和法制与伦理层面探讨了手机这一新媒体的特性和传播规律。[④] 田青毅和张小琴在《手机：个人移动多媒体》一书中，将手机作为人类传播行为中的一环，对未来手机的技术选择、产业发展方向、内容生产方式和市场推广策略等问题进行了全面的叙述。[⑤] 李丹丹的《手机新媒体概论》辨析了"第五媒体""手机媒体"等概念，尤其探讨了3G技术对手机媒体的促成效应和突发事件中手机传播的特点，将理论落地，这是该书相比于前两本书的推进。[⑥] 除了上述总括性的专著，王萍的《传播与生活：中国当代社会手机文化研究》着眼于当代社会语境，跳出手机这一物体本身，而以"手机文化"为研究对象，从大众文化和消费文化的角度对手机文化进行研究，全面地归纳了作为一种亚文化的手机消费文化属性；[⑦] 黄瑞玲、肖尧中的《现代人际传播视野中的手机传播研究》则是从人际

---

① 余丽蓉：《手机媒体的传播失范与监管对策》，《当代传播》2011年第3期；冯宜、汤莉萍：《3G时代手机媒体把关机制分析》，《当代传播》2012年第5期。

② ［奥］格拉尔德·赖施尔、海因茨·苏恩德：《第四个"W"——移动电话的妙用》，赵远方译，新华出版社2001年版。

③ 匡文波：《手机媒体概论》，中国人民大学出版社2006年版。

④ 靖鸣、刘锐：《手机传播学》，新华出版社2008年版。

⑤ 田青毅、张小琴：《手机：个人移动多媒体》，清华大学出版社2009年版。

⑥ 李丹丹：《手机新媒体概论》，中国电影出版社2010年版。

⑦ 王萍：《传播与生活：中国当代社会手机文化研究》，华夏出版社2008年版。

传播的视角，采用问卷调查的量化的方法，建构了手机媒体与人际关系的现代化传播体系；[①] 而黄河在《手机媒体商业模式研究》中系统地研究了手机这一新兴移动互联网媒介“做渠道”“做平台”“做内容”“做营销”和“做服务”的商业模式，并强调了在手机媒体商业模式中用户需求的重要性。[②]

2. 从使用者角度的研究

美国华裔传播学者魏然教授曾明确地提出：“关于移动互联网传播的研究应该将人放在中心。移动互联网媒介与人们的日常生活越来越多地融为一体，尤其是当下的手机，已经成为与他人和社会联系的重要纽带。在移动互联网覆盖的社会，移动互联网媒介实际上成为个人的自我映射。”[③]

程远州、杜骏飞教授从受众角度对比分析得出移动互联终端随时随地虚拟化生存、随时随地关系化生存、随时随地个性化生存以及随时随地信息化生存的特性，并指出由此带来的传播特性变化，如时间的碎片化、内容的去中心化、传播者的草根化以及传播形式的去权威化。[④] 类似地，何其聪等学者认为移动互联网绝不仅仅是 PC 互联网的升级移动版本，他们从用户媒介接触行为的视角建构了移动互联网的特征，即渗透融合化、即时互动化、社会统一化。[⑤]

对使用者的研究多以问卷调研等实证的研究方法为主，青少年是移动互联网媒介的重点研究对象。如刘德寰和郑雪在《手机互联网的数字鸿沟》一文中探讨了不同人群中手机互联网领域的数字鸿沟是否存在，结果发现年龄、性别、职业、文化程度、个人月收入和家庭月收入等某一方面的优势地位并不必然导致接入和使用手机互联网的优势，社会经济地位高者并不比低者更好地接入和使用移动互联网，但是文章中并没有讨论手

① 黄瑞玲、肖尧中：《现代人际传播视野中的手机传播研究》，吉林大学出版社 2010 年版。

② 黄河：《手机媒体商业模式研究》，中国传媒大学出版社 2011 年版。

③ Ran Wei, “Mobile Media: Coming of Age with a Big Splash”, *Mobile Media & Communication*, Vol. 1, No. 1, 2013, pp. 50 –56.

④ 程远州、杜骏飞：《移动互联终端：“第四屏”的传播特性及其影响》，《广告大观·综合版》2011 年第 3 期。

⑤ 何其聪等：《移动互联用户的媒介接触：行为特征及研究范式》，《新闻记者》2014 年第 12 期。

机互联网领域的“效果沟”。[①] 还有学者从发展心理学的角度找到了它与移动互联网媒介研究的契合点，他们认为，埃里克森强调时间序列和布朗芬布伦纳强调环境影响的发展心理理论正好是符合移动互联网媒介接触框架的研究的，从这个角度探讨移动互联网的媒介特性、价值和受众特点以及对媒介环境变化进行思考是有一定价值和借鉴作用的。[②]

针对手机这种媒介的研究文本很多，作为新媒介技术镜像的手机是其中一个侧写。上述文献研究以及学术专著都以不同的思路建构了手机研究的学术框架，表现出学者们对移动互联网这一新媒介的热情关注和对学术现实的观照。

二　多屏传播

《连线》杂志创始主编凯文·凯利（Kevin Kelly）曾指出，在多屏时代，屏幕构成了一个完整的生态系统。屏幕无处不在，相互依靠。社交媒体与主流媒体相互依赖，没有独立存在的媒体。……媒体的发展正朝着混合式的方向发展。有些人往前看，有些人往后看，我们现在都在看屏幕，有第一个屏幕、第二个屏幕、第三个屏幕。有些人一边看电视，一边看电脑，还同时在玩手机，所以是多屏的时代，这些屏幕就构成了一个生态系统。

进入现代以来，屏幕有了崭新的文化指向，保罗·莱文森（Paul Levinson）在《软边缘：信息革命的历史与未来》一书中指出：“20 世纪称得上是真正的屏幕的世纪。这个世纪开始于无声银幕，直到 20 世纪 30 年代有声电影屏幕达到了最高境界。20 世纪 50 年代，电视已经把电影和广播结合到一种新型的屏幕——荧幕上。……计算机屏幕也带来一种新的形象——图标，随之是另一种虚拟现实的漫画式图形。”[③] 如其所言，当电影银幕取代了舞台戏剧的“第四面墙”，现代意义上的屏幕话语便正式产生。电影银幕遮蔽了幕后的舞台世界，却同时让我们看到了幕前的光影世界。与传统屏幕不同，电影银幕依赖的是人工光源的投影，且呈

---

① 刘德寰、郑雪：《手机互联网的数字鸿沟》，《现代传播》2011 年第 1 期。

② 何其聪等：《移动互联用户的媒介接触：行为特征及研究范式》，《新闻记者》2014 年第 12 期。

③ ［美］保罗·莱文森：《软边缘：信息革命的历史与未来》，熊澄宇译，清华大学出版社 2002 年版，第 158 页。

现的是二维平面的虚拟影像。继之而来的电视荧幕是这种虚拟影像银幕的又一演进，它取消了电影对于外部透射光源的依靠，而采用自带电子显像管呈现影像，同时还实现了远程转播和直播，进而使观众的观看行为不再局限于公共空间，而将身体引向家庭空间，并从此划分出屏幕空间存在的两个类别：一是电影银幕所指代的大屏幕，二是电视荧幕所指代的小屏幕。在此之后，电脑屏幕、手机屏幕是小屏幕发展的两个重要终端显示平台。无疑，相较于电影银幕和电视荧幕，电脑屏幕和手机屏幕又有了新的推进：一是不再依赖赛璐珞胶片，而开始显示兼容性、编辑性更大且更为灵活的像素影像；二是摄像头的内置实现了监视与显示功能的统一；三是离身体更近并随身体移动，将屏幕延伸到真正的个体空间。

“多屏时代”的概念在2008年首次由上海师范大学人文与传播学院的金定海教授提出，他说道：“现在的技术已经把传播推进到一个新的历史阶段，我们到处可以看到屏幕。同时，传播方式也在进化，从报纸的、广播的、电视的直至今天的多屏化时代。”① 除了电视和电脑，我们现代的生活中充斥着各式各样的屏幕，地铁屏、手机屏、Pad 屏等，这是一个名副其实的多屏时代。当今传播所关注的不再是哪个媒体，而是哪块屏幕：如屏幕本身的视觉特征与承载信息的显示方式如何？屏幕所处的视觉环境与受众身体的接触关系如何？屏幕的数量与视觉整合以及成本效益如何权衡？于是，屏幕这个原本只是微不足道的媒介终端显示窗口就有了聚合所有媒介的媒介话语意义，互联网媒体的传播核心也从资讯、革新技术，发展到了内容的创新。

多屏的传播环境近年来才初步形成，针对多屏传播的研究还处于起步阶段。搜索文献资料发现，当前多屏传播的研究大多集中在多屏传播时代下，传播格局、媒介形态、受众产生的新特征这几点上。

从传播格局来看，学者们的研究基本围绕媒介的革新对传播模式的影响进行。程远州、杜骏飞从传播形态的变化及其影响的角度分析了移动互联终端对传媒行业乃至整个社会的影响，他们认为，平板电脑等移动互联终端的出现打破了传统“三屏”（电视、电脑、手机）的格局，随时随地

① 金定海、江南春、吴晓波、张惠辛：《讨论：多屏化数字整合传播》，《中国广告》2008年第5期。

的虚拟化生存、关系化生存、个性化生存和信息化生存得以实现。在传播形态和特性上，传播时间变得碎片化，传播内容变得去中心化，传播者趋向草根化以及传播形式去权威化。[①] 苏状、马凌将整个屏幕媒体视为一个整体，对比了传统非屏幕媒体的传播模式，从媒介话语和传播模式的变革两方面总结了屏幕媒体即时互现、历时衔接和共时并置的视觉传播特点。[②] 张纾舒指出移动互联网时代的信息传播方式、人与媒介的关系、用户浏览行为以及社交方式等方面发生的变革，由此提出小屏传播正是适应这种消费方式和生产模式转变的产物。[③]

从媒介形态来看，有些学者从业务实践的角度，探讨了新媒体时代"多屏"技术对内容生产和传播效果的影响。刘鹏认为电视新闻节目的制作和传播中，电视、电脑、手机等媒体应该多屏互动、相互融合，形成一个全方位的立体传播网络[④]；张红军提出"多屏共存、跨屏传播"是电视内容新的生存方式，因此在生产电视内容时应注意交互性、精致化、独特性和社交化的特点，而传播中要迎合碎片化的特征[⑤]；周小普、韩瑞娜、凌姝比较了多屏环境下，网上点击率和线下收视率的关系，并分析了影响网上收视的因素，为多屏时代电视节目评估指标体系的构建提供了参考[⑥]；张纾舒认为，多屏传播对于电视媒体来说机遇与挑战并存，挑战在于多屏幕造成注意力分散，受众通过电视收看电视节目的时间就被缩短，而与此同时也促使电视媒体与互联网融合创新发展。[⑦]

从受众的角度来看，学者们主要研究多屏时代受众的行为和心理的改变对传媒内容产业和格局带来的影响。正如传播学之父威尔伯·施拉姆（Wilbur Schramm）所言，传播学研究的基本对象是人所具有的社会关系以及在此关系之上共享信息的活动。慕玲认为是受众的需求推动了媒介技

① 程远州、杜骏飞：《移动互联终端："第四屏"的传播特性及其影响》，《广告大观：综合版》2011 年第 3 期。

② 苏状、马凌：《屏幕媒体视觉传播变革研究》，《南京社会科学》2014 年第 8 期。

③ 张纾舒：《小屏微传播：新媒体时代的媒介生态变革》，《教育传媒研究》2016 年第 4 期。

④ 刘鹏：《从"单屏"到"多屏"——新媒体时代电视新闻节目的创新探索》，《记者摇篮》2015 年第 4 期。

⑤ 张红军：《论多屏时代电视内容生产和传播策略》，《中国出版》2015 年第 14 期。

⑥ 周小普、韩瑞娜、凌姝：《多屏发展背景下网络收视度的影响因素研究——以热播电视剧为例》，《国际新闻界》2014 年第 12 期。

⑦ 张纾舒：《多屏传播：电视媒体的挑战还是机遇》，《青年记者》2015 年第 32 期。

术的更迭，是受众的选择触发了多屏传播。[①] 2012 年，Google 联合全球最大的市场调研公司之一的 Sterling Brands 和 Ipsos 展开的调查表明：①受众大部分的媒体消费是基于屏幕的，其中手机屏幕的占比最大，达 38%；②77% 的受众在看电视的同时会使用另一个电子设备，其中，持手机的用户占 49%，使用 PC 电脑或平板电脑的占 34%；③在进行在线购物时，67% 的消费者会出现多屏行为。由此可见，电视、电脑、手机和平板电脑的多屏结合，可以增强传播效果。[②] 郭琳探讨了媒介融合背景下受众的角色和心理转变，她认为多屏时代受众的角色由单一的接受者转变成了“传—受”一体的双重角色，其接受心理由单方面的接受信息向更加综合、多元地使用信息转变。[③] 张红玲认为多屏时代媒介和受众的关系被重构，受众的主动性、积极性和个性化表征更强，同时借助于移动互联网和“云传播”技术，多屏互联、跨屏追踪、多屏合一等传播模式得以实现，传播效果和媒体资源利用率提高。[④]

通过阅读文献资料并进行归纳与总结，笔者发现多屏传播相关的研究处于起步阶段，不论是对其传播效果、传播方式，或是对受众行为和接受心理影响的研究都是经验判断，还未形成一个量化指标，也缺乏相应的理论层面的研究。

三　小屏传播

近年来，移动互联网媒介不断地推陈出新，因为产品间的差异，使得屏幕大小有所不同，这种不同也带给用户不同的使用习惯，如在智能手机刚刚兴起时，为了适应小屏幕的使用，很多网站都专门设定了“网页手机版”，但由于使用者长期使用电脑等大屏幕浏览的习惯，手机兴起之初大屏幕的电脑仍是主要的使用终端。随着移动互联网的逐渐覆盖，智能手机功能的完善，具备移动性、便携性的手机给人们的生活带来了越来越多的便利，几乎可以实现电脑的功能，限制越来越小。

---

① 慕玲：《多屏传播背景下的受众收视研究》，《现代传播》（中国传媒大学学报）2015 年第 4 期。

② 《Google 研究：“多屏”时代消费者行为》，《通信世界》2012 年第 37 期。

③ 郭琳：《多屏时代的媒体受众分析——从媒介融合背景下受众角色的转变谈起》，《电视研究》2010 年第 8 期。

④ 张红玲：《多屏时代的受众重构与传播形态研究》，《新闻爱好者》2014 年第 4 期。

美国互动广告局（The Interactive Advertising Bureau，IAB）2011 年对各公司关于广告的宣传途径的调研报告指出，60% 以上的公司认为移动智能手机是他们首选的广告宣传终端，其次是平板电脑，而后才是桌面电脑、电视等。报告指出，由于移动智能手机广告进入门槛低，且具有移动性、便携性和集多功能于一体等优越条件，目前市场上的普及率排在所有移动设备之首，因此成为众多广告公司力争的地盘。① 随着移动互联网的全面覆盖，人们信息的传递、接收、休闲娱乐等使用习惯逐渐由电脑转向手机已是大势所趋，那从大屏幕的电脑到小屏幕的手机，屏幕尺寸上的差异、使用场所的差异等都会影响信息的传播效果。对使用者来说，媒介的变化、屏幕尺寸的变化带来了心理上怎样的差异？对信息的生产者来说，如何适应尺寸的变化来引起用户的注意，从而提升传播效果，将成为重要的研究课题。

美国学者曼纽尔·卡斯特（Manuel Castells）在其《网络社会的崛起》一书中写道："（在网络社会里）真实虚拟的文化伴随电子整合的多媒体系统，促成了时间的转化，即同时性与无时间性。"② 从卡斯特的描绘中，已经可以看出互联网媒介的特性，即"同时性""无时间性"。

笔者将卡斯特的描述做进一步推演，我们似乎可以做如下判断，即当前移动互联网时代的微屏终端是网络信息社会发展到一定阶段的产物，作为一种媒介它能够满足随时随地、任意状态下接入移动互联网的要求。袁靖华教授归纳了小屏终端的特征，即屏幕大小在 5—10 英寸、待机续航时间不小于 10 小时、轻便的、做工精良、功能全面、方便易用、安全，能以任意方式方便快捷地接入移动互联网。③ 基于上述要素，现在的智能手机、平板电脑、各种可穿戴设备都属于小屏终端，它们为小屏传播奠定了物质基础。

搜索文献发现，前人关于屏幕尺寸的研究有很多，但研究结论比较分散。在屏幕尺寸对阅读速度的影响方面，Duchnicky 和 Kolers 探讨显示窗口的宽度和高度的比例对观看者阅读时间的影响，研究发现显示宽度对阅

---

① 施懿芳：《行动广告版面设计对眼球运动与美感情绪影响的研究行为》，博士学位论文，台湾交通大学传播研究所，2013 年。

② ［美］曼纽尔·卡斯特著：《网络社会的崛起》，夏铸九译，社会科学文献出版社 2003 年版，第 530 页。

③ 袁靖华：《论移动微屏传播时代的影视生态变革》，《鄱阳湖学刊》2015 年第 2 期。

读速度的影响十分显著，但高度所呈现的文字行数对阅读速度则没有显著影响。① Resiel 和 Shneiderman 的研究也得出类似的结论，屏幕呈现的文字行数的多少，对阅读速度没有显著影响。② Kingery 和 Furuta 探讨文字大小、屏幕分辨率和屏幕尺寸对使用者阅读新闻标题的影响，研究发现，文字大小的影响十分显著，19 寸屏幕的阅读效果优于 14 寸屏幕，尤其是在屏幕分辨率为 1024 ×768 的分辨率下更为明显。③ Kim 等人的研究指出受众在小屏幕界面对网页进行信息搜索时耗时更长。④

在屏幕尺寸与图像识别方面，Detenber 和 Reeves 从情绪的视角研究了图像尺寸变化与用户情绪反应的关系，研究发现，在电影戏剧方面屏幕越大，视觉搜索的情绪唤醒程度越高，注意程度也越高。⑤ Reeves 等人还发现屏幕的大小对声音的识别记忆有影响，小屏幕条件下记忆的主效应明显。⑥ 台湾学者赖建荣曾研究屏幕类型及尺寸对使用者图像识别的影响，他以 17 寸、12 寸和 7 寸分别代表大中小三种不同的屏幕，用实验法让被试分别在三个屏幕上进行图像识别，研究发现，屏幕尺寸对被试图像识别的效率有显著影响，12 寸屏幕的图像识别效果最佳。由此可见，屏幕尺寸的大小将会影响使用者获取信息的绩效，换言之，信息的传播效果会因不同屏幕尺寸上信息编排设计的不同而有所差异。因此，想要获得最佳的传播效果，在信息的编排设计上，需根据使用者在不同尺寸的屏幕上的使用习惯而作出相应的改变。赖建荣和黄柏晴在 2005 年进一步针对屏幕尺寸对阅读绩效和视觉疲劳的影响做了研究，通过眼动追踪的实验方式，对比了 13 寸、15 寸、17 寸、19 寸四种屏幕尺寸，研究结果发现，在呈现

① Duchnicky R. L. & Kolers P. A.，"Readability of Text Scrolled on Visual Display Terminals as a Function of Window Size"，*Human Factors the Journal of the Human Factors & Ergonomics Society*，Vol. 25，No. 6，1983，pp. 683 –692.

② Resiel J. F. & Shneiderman. B.，"Is Bigger Better? The Effects of Display Size on Program Reading"，*Salvendy*，*G*，*Social*，1987.

③ Kingery D. & Furuta R.，"Skimming Electronic Newspaper Headlines：A Study of Typeface，Point Size，Screen Resolution，and Monitor Size"，*Information Processing & Management*，Vol. 33，No. 5，1997，pp. 685 –696.

④ Kim L. & Albers M. J.，"Web Design Issues When Searching for Information in a Small Screen Display"，*International Conference on Computer Documentation*，2001，pp. 193 –200.

⑤ Detenber B. H. & Reeves B.，"A Bio-informational Theory of Emotion：Motion and Image Size Effects on Viewers"，*Journal of Communication*，Vol. 46，No. 3，2010，pp. 66 –84.

⑥ Reeves，B.，Lombard，M. & Melwani，G.，"Faces on the Screen：Pictures or Natural Experience?"，*Annual Conference of the International Communication Association*，1992.

固定数目的文字阅读任务下，屏幕尺寸确实会影响文字的阅读绩效，使用15寸和17寸的屏幕阅读绩效最好；在呈现固定数目的文字阅读任务下，不同尺寸屏幕在视觉疲劳上并无显著差异，也即是说大尺寸的屏幕并不能显著地减少视觉疲劳。因此，若从阅读绩效的角度来看，适合阅读任务的屏幕尺寸并非越大越好。①

在屏幕尺寸与文本呈现形式方面，Gustav等人探讨了在手机屏幕上何种文本呈现形式效果最佳，他们通过实验对滚动、翻页、引导和RSVP四种文本呈现形式进行评估，利用眼动仪记录被试的眼球运动，并观察被试的阅读速度、阅读理解力、工作负荷，结果显示文本以分页形式呈现的阅读速度明显快于滚动形式和RSVP形式，同时在阅读理解力上没有形成显著的差异，且使用难度显著低于引导式和RSVP形式。RSVP明显减少了眼球运动，而引导式则被发现增加了眼球运动，且引起了不规则的眼球运动，但不影响阅读速度。这些结果均显示文本以分页形式呈现在手机上有最佳的可读性，有趣的发现是目前主要使用的是滚动的形式。② 类似地，台湾学者庄雅茹、杨炽能和蔡慧贞也研究了文本呈现方式和屏幕尺寸对阅读效率的影响，他们探讨了小屏的移动设备——PDA上的四种文本呈现方式（翻页式、卷动式、前导式和快进连续式）和两种视窗尺寸对阅读效率的影响及阅读者的偏好。实验结果显示：不同的文本呈现方式及不同的视窗尺寸对被试的阅读速度、理解程度、阅读效率都有显著影响，甚至会影响使用者的满意度。③

在屏幕尺寸对使用者情绪的影响方面，Ravaja用面部肌电图（EMG）和心搏间期作为情绪和注意力的生理指标，诱发被试在实验中看小屏幕上经济新闻的同时阈下呈现愉快、生气、中性的面部表情，实验结果显示：眼轮匝肌在阈下呈现愉快表情面孔时活动增多；当看到负面新闻时，皱眉

① 赖建荣、黄柏晴：《荧幕尺寸对阅读绩效与视觉疲劳之影响》，《人因工程学刊》2005年第7期。

② Quist G. & Lundin K.，"Eye Movement Study of Reading Text on a Mobile Phone Using Paging, Scrolling, Leading, and RSVP"，*International Conference on Mobile and Ubiquitous Multimedia*, Oulu, Finland, December 12 - 14, 2007.

③ 庄雅茹、杨炽能、蔡慧贞：《小荧幕动态文字呈现方式与阅读效率之研究》，资讯管理学术与实务研讨会论文集，台北，2006年。

肌活动增多；当看到正面新闻或阈下呈现愉快表情时，眼轮匝肌活动增多。[①] Ravaja 等人探讨了内容（先验效价和卷入度）和形式（演示模式：文本或视频）对情绪的影响。他们以面部肌电图（EMG）和心搏间期作为情绪效价和唤醒的生理指标，测量了 47 组年轻人在小屏幕上浏览信息的情绪反应的特点，实验结果认为小屏幕上文本模式的信息诱发了更高的卷入度和唤醒水平，在情绪压抑的情况下文本信息所引起的眼轮匝肌的活跃度高于视频信息。这个实验结果说明了个人情绪适应媒介服务的可能性。[②] Jari Kätsyri 等人以小屏幕的袖珍 PC 设备作为被试浏览新闻的载体，用抽象的图片（如艺术画），通过记录面部肌电图（EMG）的数据，考察了 44 个受试者对这个抽象的背景图片进行审美时的情感反应。从情绪效价（从不愉快到愉快）和唤醒程度（平静的到令人兴奋的）两个维度说明图片分别呈现和作为新闻消息的背景呈现时这两个指标的差异。实验结果表明，即使是无关消息的叠加，抽象的图像可以唤起受众的情绪反应，而高唤醒的图像可以用来增加被试对重叠的文本消息的记忆。[③]

综合以上文献探讨可以发现，国外关于小屏信息的接受行为的研究已经初见成效，有学者从人机互动的技术角度进行研究，研究发现屏幕尺寸的大小对使用者的阅读绩效、视觉疲劳程度、阅读效率都会产生影响，在某些情境下，大尺寸的效果好，但也有学者认为，若单从阅读绩效考察，适合阅读任务的屏幕尺寸并非越大越好。[④] 也有学者采用生理指标（如皮肤电、面部肌电等），研究了使用者在小屏幕的设备上浏览信息的情绪反应。此类新媒体的研究在国内尚属先例，对于必须适应不同屏幕大小的信息内容来说，到底屏幕尺寸的大小差异，以及由此带来的编排方式的变化，是否能有效增进信息接受者的观看效率，或者说屏幕尺寸变化给信息

---

① Ravaja N. & Kallinen K.，"Suboptimal Exposure to Facial Expressions When Viewing Video Messages from a Small Screen：Effects on Emotion，Attention，and Memory"，*Journal of Experimental Psychology Applied*，Vol. 10，No. 2，2004，pp. 120 – 130.

② Niklas Ravaja，Timo Saari，Kari Kallinen，et al.，"The Role of Mood in the Processing of Media Messages from a Small Screen：Effects on Subjective and Physiological Responses"，*Media Psychology*，Vol. 8，No. 3，2006，pp. 239 – 265.

③ Kätsyri J.，Ravaja N. & Salminen M.，"Aesthetic Images Modulate Emotional Responses to Reading News Messages on a Small Screen：A Psychophysiological Investigation"，*International Journal of Human-Computer Studies*，Vol. 70，No. 1，2012，pp. 72 – 87.

④ 赖建荣、黄柏晴：《荧幕尺寸对阅读绩效与视觉疲劳之影响》，《人因工程学刊》2005 年第 7 期。

的接受者在使用习惯、接受方式以及认知程度等方面带来了哪些变化，是当下值得探讨的课题。因此，本书将在已有研究成果的基础上，从大脑的层面对比受众在大屏和小屏上对信息内容的认知差异，从生理的层面对比受众在大屏和小屏上阅读信息内容的情绪唤醒程度和注意程度的差异，以及眼球运动的规律，为小屏时代的信息传播模式和内容生产提供借鉴，增加传播效益。此外，从文献检索中，我们还可以看到，小屏美学虽然没有被正式提出，但国外已有学者在进行类似的研究尝试，如 Kätsyri 等人的研究就是小屏美学，对美的感知测试的初探，对本书探索小屏美学的理论有很大的借鉴意义。

第三节　美学视角的研究

纵观东西方的美学思想史，有关美学的研究即是关于审美学、情感学的研究，是研究人与世界审美关系的一门学科。“审美”的本意是“感性”，与人的感性经验，如感知、情感、想象和感受等息息相关。对于审美的内涵，康德、黑格尔、席勒等西方美学家几乎都指出，审美是关乎个人主观的、个性化的、内在的、经验的、感觉的和心理的某种东西。

我国美学大师李泽厚先生从审美的层面提出了“积淀说”，他认为审美是将人的理性思考转化为感性认识，而后积淀为感觉。李泽厚定义的“积淀”有两个层面内涵，一是外在形式的积淀，是由情绪、意味等所凝结的官能可感的具体的或抽象的艺术形式；二是内在的心理积淀，它是指价值观沉积于生理机能，然后转化为人类独有的情感、思维和态度。①

综观前人研究，可以发现，审美活动始于审美主体对审美对象的知觉分析，是人类意识活动的高级形式。而审美认知是审美活动中的认知过程，审美主体经过深层次的认知加工达到理解，进而产生感知、情感、想象、记忆，以及价值评判等审美体验。②

传统美学研究的思辨方式都是从哲学概念上进行的理论推导，缺乏具体的细节描述。所幸的是，20 世纪末以来，伴随着脑科学的蓬勃发展，认知神经科学为系统地、客观地研究人类的知觉、记忆、思维、注意和情

① 李泽厚：《美的历程》，生活·读书·新知三联书店 2009 年版。

② 丁晓君、周昌乐：《审美的神经机制研究及其美学意义》，《心理科学》2006 年第 5 期。

感等过程提供了理论和方法指导，审美的神经基础开始成为新的关注点。

Zeki 于 1999 年发表的 Inner Vision：An Exploration of Art and the Brain（《内在视觉：探索艺术和脑的关系》）一文正式宣告了神经美学（neuro-aesthetics）的诞生。[①] 美国科学家、诺贝尔奖得主埃德尔曼在《意识的宇宙》一书中明确指出："正是神经系统和肉体的极端复杂的物质结构产生了动态的精神过程以及产生了意义。"[②] 显然，审美认知活动即是我们复杂的神经活动的产物。从认知神经科学的观点来看，美学的研究就是要从潜意识的层面深层地挖掘审美心理与神经机制的关系，将审美中情感、想象、记忆等过程量化，客观地评价审美的心理过程。在认知神经科学这一方法论的指导下，传统美学研究中有关情感、感觉的认知判断过程得以落地。

一般来说，传播学家更侧重于技术层面的研究，但这并不意味着传媒文化现象不存在深刻的审美意义。从口语传播、文字传播、印刷传播、电子传播到今天的网络传播，传播史上的每一次传播技术革新都将人类带进一个新的境界、新的时代。传播技术已经触及人类包括认知、行为和审美等方方面面，技术的发展与大众审美心理变化的关联性，以及由此带来的人们在生产、生活方式和情感方式上的变化将是我们重点研究的问题。

一 媒介与审美

传播学家一般来说更侧重于技术性的研究，但这并不等于传媒文化现象不存在深刻的审美意义。我国著名美学家宗白华在《美学与意境·谈技术美学》中说道："过去一提美学就是艺术，艺术中当然有美，技术与美似乎没有关系，其实，技术也可以是美的。"[③] 在麦克卢汉看来，"每一种新技术都创造一种环境，这一新环境本身常常被视为是腐朽堕落的。但是，新环境能使在此之前的旧环境转变成一种人为的艺术形式。"[④] 因此，技术，不仅可以是美的，技术本身就是美的。

在媒介技术日益发达的过程中，人类必须对媒介技术引起足够的重

① Zeki, S.,"Inner Vision: An Exploration of Art and the Brain", *Journal of Aesthetics and Art Criticism*, Vol. 60, No. 4, 2002, pp. 365 - 366.

② ［美］杰拉尔德·埃德尔曼、朱利欧·托诺尼：《意识的宇宙》，顾凡及译，上海科学技术出版社 2004 年版，第 49—54、267 页。

③ 宗白华：《美学与意境·谈技术美学》，江苏文艺出版社 2008 年版，第 433 页。

④ ［加］马歇尔·麦克卢汉：《理解媒介——论人的延伸》，何道宽译，商务印书馆 2000 年版，第 27 页。

视。人类文明发展至今，经历了三次媒介形态的变革。从口语传播时代，到书面语言的印刷媒介传播时代，再到今日电磁波语言、数字语言的电子媒介传播时代，可以看出，语言形态的变化催生了媒介形态的变革。罗杰·菲德勒（Roger Fidler）指出，报纸、书籍、电报、广播、电视、电脑和手机等媒介形态的相继出现是语言形态从口头语言到书面语言再到数字语言的演变的结果。① 它们以多样的形式或是向受众传递信息，或是扮演大众娱乐的功能，这一媒介技术的变化也一定程度地引领了受众的文化和审美观念的变化。

信息社会，互联网的兴起延展了传统艺术形式的范围，打破了传统的艺术规范。互联网由于自身的突出特性为现代人提供了一个比以往任何一种交往方式都广阔的交往平台，为沉溺于物欲焦虑中的现代人搭设了一个平等、自由对话的平台，“消解了‘高雅’和‘大众’文化之间、艺术和日常生活之间的界限，表现出后现代主义的特征”②。在这种环境下成长起来的互联网艺术，不但超越了传统艺术的审美特性，而且展示了无法在其他媒介上体验的一种艺术形式和独特的审美追求。

当前媒介技术与审美的关系越来越密切，人类的生存环境到处弥漫着技术因素和审美因素，例如在购买手机时，除了考虑其性能和技术设计，外观也是一个重要因素。在媒介技术的助推下，美在生活中变得无处不在。由于媒介技术的不断发展进步与审美的内涵演变，两者之间也必定会产生千丝万缕的关系。那如何去研究这两者的关系呢？李思屈教授提出，“用传播学的方法来揭示大众传媒时期的大众审美心理和艺术生产、消费的规律，将有助于推进相关研究为中国未来的传媒改革提供依据。当代社会发生的‘日常生活审美化’和‘艺术的生活化’已经使传统美学运作的效力受到极大的限制。在传统的美学运作中，多少存在着以特定的审美原则为最高原则来削平世界的深度模式，以精英的个体审美体验来否定世界丰富意义的现象，而在移动互联网传播时代，文化成为大众的消费与狂欢，艺术与生活界限日渐模糊，同时当代艺术也以‘反美学’的姿态正走向观念艺术、行为艺术、环境艺术的时候，传统的审美精神样态也就失

① ［美］罗杰·菲德勒：《媒介形态变化：认识新媒介》，明安香译，华夏出版社 2000 年版，第 10 页。

② ［英］特里·伊格尔顿：《后现代主义的幻象》，华明译，商务印书馆 2000 年版，第 37 页。

去了存在的根据。但这并非意味着审美精神本身失去了再生的可能性：海德格尔、维特根斯坦、杜威等现代哲学家在抽象的美学运思中暗示了回归原生态生活的方向，而中国传统的审美精神中原本就有一种审美与生活、艺术与现实、美与生活、创造与欣赏、高雅与通俗相融的特征。西方哲学家的日常生活回归和中国美学的圆融，为我们研究的移动互联网传播时代审美心理提供了学理依据。”①

从国外专著来看，费瑟斯通《消费文化与后现代主义》指出消费文化以符号和影像为主要特征，导致了艺术与生活的界限的消解；让·波德里亚的《消费社会》论述了消费社会的艺术品遵循符号的交换原则；在电子媒介技术对美学的影响方面主要参考了麦克卢汉的《理解媒介——论人的延伸》，麦克卢汉认为媒介是人体的延伸，媒介即讯息，传播媒介的变革必将带来美学的传播与接收的变革；费斯克在《理解大众文化》中对大众文化中的快感进行了分析；让·波德里亚在《象征交换与死亡》中提出了仿像的三个序列，并指出超真实的拟像成为当今文化的主流；沃尔夫冈·韦尔施的《重构美学》认为，审美化已经成为西方社会的一大特征和趋势，伦理是美学的内在属性，应当重构美学。这些关于大众文化和美学的论著都为本书奠定了丰厚的理论基础。

国内关于媒介与审美的研究起步较晚，在媒介文化方面，有南帆的《双重视域——当代电子文化分析》、赵勇的《大众媒介与文化变迁》等；在大众文化与消费社会关系的研究方面，有傅守祥的《审美化生存——消费时代大众文化的审美想象与哲学批判》；在电子媒介与大众文化关系方面，有陆扬的《大众文化与传媒》等。上述这些国内外专著都构成了研究媒介技术与审美问题的基础，河南大学李勇的博士学位论文《媒介时代的审美问题研究》就是在此基础上，以知识的视角，围绕媒介技术与审美的关系，从媒介技术和消费主义两方面论述了媒介技术时代的审美嬗变。②

在审美精神上，欧阳友权认为网络艺术的后审美范式已日渐形成，即虚拟现实的符号审美、在线交互的活性审美和游戏世界的快乐审美③；刘

---

① 李思屈：《传媒产业化时代的审美心理》，浙江大学出版社 2008 年版，第 7 页。

② 李勇：《媒介时代的审美问题研究》，博士学位论文，河南大学，2008 年。

③ 欧阳友权：《网络艺术的后审美范式》，《三峡大学学报》（人文社会科学版）2003 年第 1 期。

晗认为现代信息科技使网络艺术成为可能，同时也推动了其不同于传统艺术的新的美学精神的生成，具体表现为：网络艺术将作者与读者的对抗关系变成和谐的身份融合；将文本的先在性变为交互性；用数码复制实现文本间的拟像生存；放弃了传统精英艺术载道、贯道的外在目的论，呈现嬉戏性与回归游戏的倾向[①]；肖慧君认为网络艺术中的审美所体现的就是一种绵延于大众文化思潮中的酒神精神。[②]

在具体艺术形式的探讨上，欧阳友权教授2005年出版的《数字化语境中的文艺学》是我国第一部探讨数字化技术背景下文艺学基础理论变迁的学术专著，它从历史逻辑和理论逻辑的双重背景上，揭示了数字化技术对我国文艺学的深刻影响及其所涉猎的理论问题，是对数字化媒介时代文艺理论观念转型和学理变迁的一种原创性学术探索和理论构建。[③] 张晶、陈曼冬以网络写作为例探讨作家和读者审美体验的转换，从身份上来说变得可以互为作者和读者，从接受心态来说由超越心态转向消遣心态[④]；聂庆璞研究了互联网这一媒介载体给文学带来的革命性变化[⑤]；陈响园、滕小娟以及陈伟军分别从创作方式、艺术表征和叙事路径等方面探讨了网络游戏的审美特点[⑥]。随着互联网技术的发展，移动互联网的出现丰富了互联网的艺术形式，微电影、微博、微信等相继出现，它们都符合这一时代的大众个性化、碎片化、互动性、自由平等的审美需求。[⑦] 胡智锋以影视艺术的变迁为切口，从生产手段、传播方式、产品形态以及影视格局等方面考察了新媒体技术、新媒介的出现对传统艺术美学观的改变[⑧]；杜建华以传统的纸质媒体为例，对新媒介技术时代传播终端的形态和功能、新闻信息产品的内容和结构、受众审美心理发生的变化进行了阐

---

① 刘晗：《论网络艺术的美学精神》，《江西社会科学》2004年第7期。

② 肖慧君：《狂欢与重构——论网络艺术中的酒神精神》，《宁夏社会科学》2005年第1期。

③ 欧阳友权：《数字化语境中的文艺学》，中国社会科学出版社2005年版。

④ 张晶、陈曼冬：《媒介数字化的审美体验转换》，《社会科学战线》2008年第3期。

⑤ 聂庆璞：《传播媒介的嬗变与网络文学的发展》，《贵州社会科学》2008年第10期。

⑥ 陈响园、滕小娟：《网络游戏对文艺的分流及其美学异化》，《甘肃社会科学》2014年第6期；陈伟军：《网络游戏的艺术表征与叙事路径》，《现代传播》（中国传媒大学学报）2015年第11期。

⑦ 蒋璐：《"微时代的文化与艺术"会议综述》，《文艺研究》2014年第7期。

⑧ 胡智锋：《微时代的艺术生产与传播——以影视艺术为例》，《探索与争鸣》2014年第7期。

释，他认为传统媒体只有在生产实践中适应这些特点，才能重获发展①；高小康认为以微信、微博传播为表征的“微传播”已转变为应用程序终端（App）主导的传播，媒介变得“实体化”，成为消费和服务供应②。

在受众审美需求方面，研究者们认为新媒体时代终端的便携化、传播媒体的多元化以及生活节奏的加快促使人们的阅读习惯向浅层化和“碎片化”（fragmentation）发展。李雷认为，新媒介技术重塑了大众的艺术观念与审美经验，艺术与生活、精英与大众、审美经验与日常经验、高雅与世俗之间的界限日渐模糊，约瑟夫·博伊斯（Joseph Beuys）的“人都是艺术家”的论断真正契合了这一新兴时代——微时代背景下的审美变迁。③ 杨光研究了“微媒介”时代的审美，他认为微媒介的便携可移动性是区别于传统的电脑和固定网络的最大特征，这一新兴的媒介形式使个体媒介化成为现实，同时，作为当代日常生活审美化中的新现象，受众的审美愉悦呈现出一种快适感特征。④

身处于互联网时代，数字技术不仅真真切切地改变了包括人的日常生活在内的各种信息加工、储存和传播方式，提供了文字、图像、声音、影像等新的整合形态，更重要的是，数字技术将以移动互联网为载体的社会交往的普遍化、多元化推向了现实，促使了文化生产形态的变革。⑤ 从文献的梳理中可以看到，互联网、移动互联网时代的审美问题研究已经成为当今理论界的热点和亟待解决的问题。现有的关于新媒介技术的审美特征的研究成果，几乎都认识到了新媒体技术和互联网通信技术的广泛应用，给人们的思维方式、审美方式以及信息的传播方式等带来的深刻变革。研究者们几乎都探讨了在互联网的影响下，各种艺术形式“大众”对“精英”，“时尚”对“传统”的艺术精神的消解，转向去中心化的、平民化的、复制拼贴的、娱乐化的鲜明特点。正如马克思和恩格斯在第一次技术革命以后，描绘社会生活的深刻变化时所指出的“一切固定的、僵化的关系以及与之相适应的因素被尊崇的观念和见解都被消除了，一切新形成

---

① 杜建华：《“微”时代：表现、特征及传统媒体的着力点——以纸媒体为例》，《新闻大学》2015 年第 2 期。

② 高小康：《从微时代到 APP：后—后现代美学的互空间性》，《文艺研究》2016 年第 2 期。

③ 李雷：《“微时代”的文艺生产与审美接受》，《社会科学辑刊》2015 年第 4 期。

④ 杨光：《微媒介与“微生活”中的审美》，《社会科学辑刊》2016 年第 2 期。

⑤ 王德胜：《“微时代”的美学》，《社会科学辑刊》2014 年第 5 期。

的关系等不到固定下来就陈旧了，一切等级的和固定的东西都烟消云散了，一切神圣的东西都被亵渎了”①。

但是，现有关于移动互联网时代的媒介与审美问题的探讨，有些着重从技术影响论或是技术决定论的角度，针对某一种艺术形式（文学、影视、游戏等）以审美为题探讨着新媒介技术；有些只是一般性地涉及了电影、电视、手机等以电子媒体技术为支持的审美文化；而更有相当一部分则注意到了当今的审美文化与大众传媒尤其是电子媒介的密切关系，并在研究中体现出了这一崭新的特点。虽然其中不乏真知灼见，但研究中缺乏具体的研究方法，大多是以经验主义对现象的描述，这对于从宏观层面把握移动互联网媒介的审美概括自然意义非凡，但忽视了对个体真正审美心理的考察。浙江大学的吴飞教授在谈到传播学研究时说过：“学术研究的目的是服务人类本身，其研究对象的核心总离不开一个大写的‘人’字。”② 关于移动互联网媒介传播的研究，必须系统地量化作为审美主体的受众的心理变化，才能更好地为传播实践服务。可喜的是，近年来，认知神经科学的发展为审美心理的研究提供了切实可行的方法，通过对受众潜意识的研究，可以更好地把握移动互联网时代由媒介技术的变化引发的受众审美心理的变迁。

二　美感情绪

人在欣赏审美对象的过程中会伴随愉悦的美感体验或情感反应，这种美感体验是其他认知过程中少有的，科学认知过程中的情感属于理智感，社会现象认知中情感是道德感，有了美感体验，审美过程才得以和其他心理过程区分开来，是审美心理过程最突出的特征。那么究竟什么才是美感体验，长期以来，一直存在着争论。

美学中经常提到“美感”“美感体验”“审美经验”“审美体验”等词，从英文来看，审美体验和审美经验是同一个词——aesthetic experience，而美感是 aesthetic feeling。Silvia 基于经验主义的美学研究指出，人类的情感与审美体验有两派说法，一种说法认为，审美体验是一个理想化

---

① ［德］马克思、恩格斯：《共产党宣言》，中央编译出版社 2005 年版，第 29 页。

② 吴飞：《传播学研究的自主性反思》，《浙江大学学报》（人文社会科学版）2009 年第 2 期。

的、稀有的状态，这种情况发生在特定的场所（如博物馆、竞技场等），对特殊的人（如美学家、艺术家），回应特别的东西（如书画、交响乐）等，是一种神圣情感生活状态的美感；另一种说法则认为，审美体验“只是”一种正常的情绪体验，是所有人类都能经历的体验，持这种说法的学者认为所谓审美体验属于广泛的心理学研究之一，体现在认知心理学、行为、动机或情感等。① Silvia 认为第一种说法过于排他性，但是第二种说法又太普遍——几乎对所有东西的经验都可以是审美体验，因此他认为，研究人员可以针对相关的概念进行抽象变量的转换，例如使用眼动仪来追踪观看者如何阅读和处理文本，这种方式可以增加我们对美感体验的了解。

Lavie 和 Tractinsky 认为有关审美的研究包含两种不同的研究方法——哲学方法和实证方法，这两种方法大多依赖于研究艺术作品的制定和建立的美感理论，如自然的和建造的景观，建筑作品及其他文物对美感都提供了丰富意涵。美感主要起源于艺术理论或艺术批评，然而，Lavie 和 Tractinsky 认为，美感应该超越纯粹的艺术，更进一步地探讨媒介和情绪之间的互动关系。②

除了关于美感的讨论之外，Kim 等人还指出，美感和情绪很多时候是一体两面，人们会对美的事物产生愉悦，也会因为原本的情绪而影响对事物的美感评价。而情绪（emotion）是每个人都会经历的过程，包含身体的反应、面部的表情、心理状态以及行动决策，人们生活中的各种体验都会受到情绪的影响。情绪是使用体验的核心，帮助我们评估使用者与产品互动后的结果和体验。③

Ekman 对人的情绪进行了研究，他将情绪分为原发情绪（primary emotions）和后发情绪（secondary emotions）。原发情绪是基础情绪，是人们与生俱来的情绪，Ekman 曾提出 15 种人类的原发情绪，包括愉悦、愤

① Silvia, P. J., *Human Emotions and Aesthetic Experience*, Aesthetic Science: Connecting Minds, Brain and Experience, 2012, pp. 250 – 275.

② Lavie T. & Tractinsky N., “Assessing Dimensions of Perceived Visual Aesthetics of Web Sites”, *International Journal of Human-Computer Studies*, Vol. 60, No. 3, 2004, pp. 269 – 298.

③ Kim, J., Lee, J. & Choi, D., “Designing Emotionally Evocative Homepages: An Empirical Study of the Quantitative Relations Between Design Factors and Emotional Dimensions”, *International Journal of Human-Computer Studies*, Vol. 59, No. 6, 2003, pp. 899 – 940.

怒、伤心、害怕等，后发情绪则是受到刺激物的影响而引发出的情感反应，是一种非原始性的，且都是相当主观的感受，例如看一场恐怖电影，有些观者会感到很害怕，有些观者却感到很兴奋，虽然他们的感受相异，但这些情绪都是由“刺激物”所诱发的主观情感。[①]

对情绪的测量主要有主观和客观两种评估手段，主观测量一般是邀请被试者根据信息内容直接作出自我情绪判断，分为语义测量和非语义测量。语义测量如 Osgood 提出的情绪维度理论，他认为情绪体验可以从以下三个维度进行评价：评价（evaluation）、力度（potency）、活跃性（activity）。[②] 受此启发，Mehrabian 和 Russell 提出了情绪状态的 PAD 模型，即 P = 愉悦度（pleasure-displeasure）、A = 唤醒度（arousal-nonarousal）及 D = 控制度（dominance-submissiveness）[③]，被试者根据提供的形容词辨别自我情绪的相似度。对非语义测量则是使用不同的图片来代表不同情绪，被试者需要在观看刺激物后选择符合自己心中感受的图片。Lang 设计了图片导向型（picture-oriented）的评估工具——自我评测量表（Self-assessment manikin，SAM），如图 1 - 1 所示，SAM 量表从上至下，分别代表愉悦度、唤醒度和控制度，每一横排并列五个人形图片，依次代表该向度的不同程度，而这些人型皆是等比例地呈现该向度的程度变化。以愉悦度为例，1 = 非常不愉快、3 = 有点不愉快、5 = 中等、7 = 有点愉快、9 = 非常愉快，其中的 2、4、6、8 意指邻近人型的平均值，可帮助参与者更细微地分辨情绪。[④]

客观测量则需要借助生理仪器，如皮肤电、肌电、心电等，以皮肤电、肌电等电波的波动来判断被试者情绪的变化。用生理多导仪来观察被试者情绪变化的方法可以直接测出被试真实的情绪反应，也因此被应

---

① Ekman, P., Davidson, R. J. & Friesen, W. V., "The Duchenne smile: Emotional Expression and Brain Physiology: II", *Journal of Personality & Social Psychology*, Vol. 58, No. 2, 1990, pp. 342 - 353.

② Osgood, C. E., "Dimensionality of the Semantic Space for Communication Via Facial Expression", *Scandinavian Journal of Psychology*, Vol. 7, No. 1, 1966, pp. 1 - 30.

③ Mehrabian, A. & Russell, J. A., *An Approach to Environmental Psychology*, MIT, 1974.

④ Lang, P. J., "Behavioral Treatment and Bio-Behavioral Assessment: Computer Applications", *Technology in Mental Health Care Delivery Systems Norwood Ablex*, 1980, pp. 119 - 137; Bradley, M. M. & Lang, P. J., "Measuring Emotion: The Self-assessment Manikin and the Semantic Differential", *Journal of Behavior Therapy & Experimental Psychiatry*, Vol. 25, No. 1, 1994, pp. 49 - 59.

用在很多生理心理研究中，但这种方法因为直接触碰被试者的肌肤，侵略性较高，在测试过程中被试多少会存在一些焦虑和害怕心理，因此，需要在实验开始前让被试了解实验设备，减少或尽量消除被试的恐惧心理。

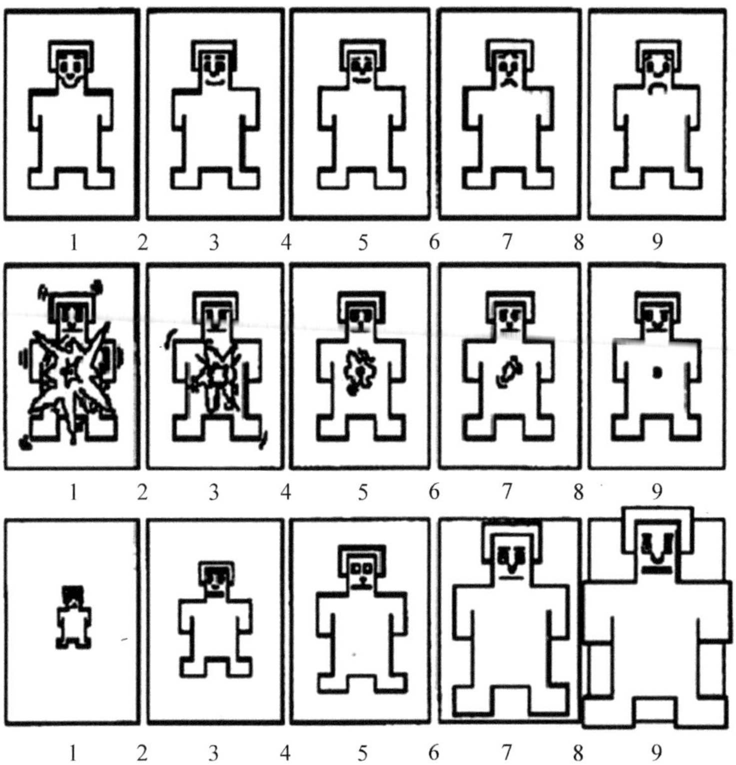

图 1－1　SAM 量表

有关美感情绪的测量经常被用于人机互动的研究中（Human Computer Interaction，HCI），因为美是人们衡量事物的标准之一，它也会进一步影响人们的情绪、偏好以及使用性等，因此在人机互动的研究中将美感作为了解被试者对刺激物评价的重要指标之一。Schenkman 和 Jönsson 针对网页设计进行了研究，他们邀请被试者从复杂性、美观度、对比性、易读性和是否有意义等几个方面来评价网页，研究发现美观度（美感）会强烈地影响被试的偏好，当网页被受测试者认为较美观时，其偏好指数也会较高。①韩国学者 Kim，Lee 和 Choi 以韩国网页为对象，研究了网站首页的美学设计因子对浏览者的影响，他们首先建立了 30 个形容词，并请被试对目标网页进行评估，从中总结出 13 个美感情绪的词汇；然后在第二阶段的实验中，用这 13 个美感情绪词汇继续评价网页②。Anthony，Ho，Tarrant，Mark，MacDorman 和 Karl 翻译成英文，以同样的方法研究了英文网站的首页，研究发现，由于文化差异因素的存在，被试者感知到的美感情绪不同。③在本书中，参考 Anthony 的英文翻译，并将它们译为中文，与专家确认无误后，作为测量受测者美感情绪测量的依据（见表 1－1）。

表 1－1　**30 个美感形容词中英对照**

英文	翻译	英文	翻译	英文	翻译
adorable	迷人的	elegant	优雅的	sexy	性感的
balanced	平衡的	familiar	熟悉的	sharp	鲜明的
bright	明亮的	fresh	新鲜的	simple	简单的
calm	冷静的	futuristic	未来的	static	静态的
classical	古典的	hopeful	充满希望的	strong	强烈的
colorful	色彩缤纷的	mystic	神秘的	surreal	超现实的
concise	简洁的	plain	简朴的	tense	紧绷的
conventional	常见的	popular	受欢迎的	vague	模糊的
cute	可爱的	powerful	有力量的	valuable	有用的
deluxe	奢华的	promising	有前途的	vibrant	生动的

① Schenkman，B. N. & Jönsson，F. U.，"Aesthetics and Preferences of Web Pages"，*Behaviour & Information Technology*，Vol. 19，No. 5，2000，pp. 367－377.

② Kim，J.，Lee，J. & Choi，D.，"Designing Emotionally Evocative Homepages：An Empirical Study of the Quantitative Relations Between Design Factors and Emotional Dimensions"，*International Journal of Human-Computer Studies*，Vol. 59，No. 6，2003，pp. 899－940.

③ Anthony Faiola，Chin-Chang Ho，Mark，D.，Tarrant，et al.，"The Aesthetic Dimensions of U. S. and South Korean Responses to Web Home Pages：A Cross-Cultural Comparison"，*International Journal of Human-Computer Interaction*，Vol. 27，No. 2，2011，pp. 131－150.

第四节 认知传播学视角的研究

格拉斯（Glass，A. L.）在*Cognition*一书中定义了“认知”，他认为认知是由人类所有的心理能力（知觉、记忆、推理及其他）构成的一个复杂系统，是认识和获取知识的过程。认知与动机、情感和意志相对应，包括了诸如感知、表象、思维等繁杂的过程，而其中，思维是最核心的部分，它使得认知的过程变得更加理智。[①] 认知效果（cognitive effects）最早是由Sperber和Wilson提出的，它是认知主体实现认知这一过程的结果表征[②]。神经科学对传播学研究的核心借鉴价值在于它在探测人脑潜意识活动中所表现出来的优越性，将这一方法应用于传播学微观认知活动（如广告、国家形象等的传播效果）的研究中，为传统传播学的研究提供了新的手段和视角。

一 传播渠道的研究

传播学意义上的“传播渠道”通常包括理论传播工具和人的感官通道，神经科学工具所研究的基本传播渠道，则主要指人的感官通路，即视觉、听觉以及触觉系统。

神经科学对视听认知的研究可以辅助传播学探讨人在不同的传播渠道组合环境中的注意力，进而判别传播效果。例如，在听觉感知记忆与视觉信息的关联性的研究中，有研究者比较了由非语言视听偏差刺激在视觉标准刺激、听觉标准刺激及视听标准刺激条件下各自引发的失匹配负波（MMN），并发现三种条件下的视听偏差刺激均产生了感知特殊性的失匹配负波（MMN），而这种失匹配负波包含了视听两种感知成分，在失匹配负波出现之前，视觉与听觉信息便已产生了交互作用，这种视听双通道刺激下产生的失匹配负波的简单叠加是有显著差异的，证明了视觉和听觉加工进程并非各自纯自然独立的加工过程。[③]

---

① Glass，A. L.，*Cognition：A Neuroscience Approach*，Cambridge University Press，2016.

② Sperber，D. & Wilson，D.，*Relevance：Communication and Cognition*，Oxford：Oxford University Press，1986.

③ Besle，J.，Fort，A. & Giard，M. H.，“Is the Auditory Sensory Memory Sensitive to Visual Information?”，*Experimental Brain Research*，Vol. 166，No. 3 -4，2005，pp. 337 -344.

传播渠道的脑电研究无疑将为传播学者讨论受众和媒介使用者在特定情境下的注意力、记忆程度和传播效果提供有益的启发，通过改变实验材料以及创造贴近现实的传播环境，传播学研究者有可能通过考察被试的注意力、情绪唤醒度和记忆力等变量，对不同状态中的传播渠道与传播效果加以探究。

二　传播内容研究

最常见的传播内容是由图像、声音和文字以及这三者的组合构成的，这些基本的传播内容要素也已经大量被神经科学及心理学所探讨过。

在文字信息方面，研究者们探讨过不同的句法、语义组合引发的被试者的大脑活动区域变化。O. hauk 和 F. Pulvermüller 研究了印刷词汇的长度和出现频率引发的事件相关单位，并发现长的词汇引发了最强烈的早期电位（刺激出现后 100ms 左右），而短词汇则在稍微晚些时候引发了最强烈的反应（刺激呈现后 150—360ms）。高频率呈现的词汇引发的电位幅度小于低频率词汇。研究结果表明，刺激词汇的长度和呈现频率对大脑活动能够产生独立和附加的影响。[①] 借助这些已有的手段和路径，传播学能够继续比较话语表达方式和书写方式的变动引发的受众反应。

同样，视觉空间选择性注意研究和声音注意力的研究也是传播内容研究可以借鉴的重要方面，如对于网页版面的构成、网页视觉中心的考察以及声音组合排布对被试的吸引力等，均可参照神经科学在认知方面的相关成果展开研究。

三　传播对象研究

受众或媒介使用者的差异及群体划分一直是传播学研究的重要课题，过去的研究仅仅只能通过观察、经验以及被研究对象的自我报告来探索信息在不同性质群体中的传播效果，但这种报告和观察的可靠性却是难以保障的。

神经科学的手段则为研究不同群体的信息瞬时加工特点提供了便利的条件，不同年龄、不同人格，甚至不同种族、不同语境下的媒体使用者的

---

① Hauk，O. & Pulvermüller，F.，"Effects of Word Length and Frequency on the Human Event-Related Potential"，*Clinical Neurophysiology*，Vol. 115，No. 5，2004，pp. 1090 - 1103.

信息加工差异与共性在脑电信号中将得到直观而可靠的表现。如媒介暴力研究，有学者在研究儿童与成人在加工字符串时的差异时发现，具有较多词语知识的儿童对字符串具有更快更敏捷的反应，但反应与成人的脑电信号成分是有所不同的，这说明早期的文化教育能够引发一些虽然不成熟，但速度很快的字符串处理能力，即便儿童在这时候尚未形成词汇阅读能力。而研究结论也在某种程度上说明了，儿童的早期文字素养在很大程度上依靠对词汇的视觉熟悉度而非对词汇的专门化的语义方面的认知。① 因此词汇信息的出现频率以及与图片等形象化信息相匹配的呈现方式将直接影响儿童对特定文字信息的接受度。

同样地，对不同年龄、不同种族和民族、不同语境、不同教育背景等人群的传播效果考察，有助于我们进一步探究媒介内容与信息接收对象之间的关联，进而解释特定传播效果的形成原因，以及更富有针对性地改进媒介内容和传播渠道。

四 传播者研究

传播的效果在很大程度上受到传播者的媒体形象与受众感知之间关系的影响，无论是作为最常见的传播者代表的主持人、记者，还是政治家及其他行业领袖，如何通过特定的人际传播以及大众传播手段的组合以产生预期的影响力和传播效果，也是一个异常微妙的课题，传播者在受众头脑中所形成的第一印象、刻板印象以及瞬时效果，以及在此基础上形成的中长期记忆与影响，均可借由神经科学的研究手段来辅助进行研究。如有研究者用 fMRI 技术对希拉里与奥巴马的竞选广告进行了广告观看者的脑活动研究，并发现奥巴马的广告能够引发被试更积极的脑部活动。使用 ERP、fMRI 等手段，通过观察被试在不同传播者形象刺激信息下的反应，能够推论总结出传播者形象刺激信息下的反应，以及传播者在视觉听觉形象建构方面值得参考的一些共性规律。

在我们的社会中，认知活动无处不在，只要有信息流通的地方就有认知活动产生，并且认知活动很频繁，而其中我们最为关注的是认知效果的问题，也就是我们在认知活动中“投入与产出”比值是否合适。近年来，

① Maurer, U., Brem, S., Bucher, K., et al., “Emerging Neurophysiological Specialization for Letter Strings”, *Journal of Cognitive Neuroscience*, Vol. 17, No. 10, 2005, pp. 1532 – 1552.

移动互联网信息技术和新媒体技术持续高速地发展，各种多屏的、小屏的媒介不断出现，在新兴的媒介技术下，受众的信息阅读浏览方式发生了怎样的变化呢？何种传播模式才能获得受众的注意并获得最佳的认知效果呢？

第五节　小结

当代传播技术的发展为传媒产业的发展提供了越来越多的可能性，它也成为影响传媒产业发展与融合的关键因素。[①] 自麦克卢汉提出“媒介即讯息”的论断开始，学界即引爆了对传播技术影响力的探讨。然而，James W. Chesebro 和 Dale A. Bertelsen 指出，过去的研究中，与传媒批判相关的研究大部分集中在语言和非语言传播的形式和内容上，几乎没有将技术的变化对信息的制作和形式的影响当作一个研究议题，也即是说忽略了具体媒介本身在信息的生产以及传播过程中所隐含的信息。James W. Chesebro 和 Dale A. Bertelsen 认为，传播技术并非只作为一个传播渠道而存在，它是一个能创造意义的、活跃的关键因素，清晰地解释了认知、传播以及社会组织之间的动态关系。[②]

在针对具体媒介使用人群的研究中，可见一个比较明确的以质化研究为主的研究取向，这对于从宏观层面把握移动互联网媒介传播效果自然意义非凡，但忽视了对个体文化心理的考察。

电影不是银幕上的戏剧，电视不等于缩小了的电影，而新兴的网络视频、手机视频所蕴含的则更是一种草根美学的理念。即使是同样的题材，用聚氨酯材料作画不同于传统绘画，录像录音的美感也与现场表演大不相同。欣赏现场表演能产生一种独一无二的历史创造感，从而使艺术具有某种“膜拜价值”。这种参与感和“膜拜价值”对前传媒文化时期的艺术，对古典美来说，是至关重要的。那么，在电子媒体和以互联网为平台的新媒体时代，人类的文化生产方式、审美方式的剧变，是否也会影响审美精神的形态呢？

---

① 李思屈、关萍萍：《传媒业的产业融合与传播符号学的新视域》，《浙江大学学报》（人文社会科学版）2009 年第 2 期。

② Chesebro，J. W. & Bertelsen，D. A.，*Analyzing Media：Communication Technologies as Symbolic and Cognitive Systems*，New York：The Guilford Press，1996，p. 27.

所幸的是，认知传播学为这一潜意识层面的研究提供了方法指导。神经测量被认为是更为客观有效的测试方法，因为在测试过程中被试者无法掩饰自己的神经活动，他们的真实想法会反映在他们的生理数据中，如脑电波、心跳、血压、皮肤电等，一般而言这些客观的生理数据受众是无法掩饰的，透过这些生理数据我们能够推测到受众此时真正的感受和想法，从而客观地评价媒介传播效果以及探寻受众的阅读浏览规律。神经科学的研究方法具有其他研究方法所不具备的优势，能够快速捕捉受众在浏览信息时瞬间的神经反应，从而得知受众对所呈现的信息内容瞬间的情绪反应是积极的还是消极的，是喜欢的还是无动于衷的。运用神经科学来研究移动互联网媒介的传播效果以及受众的浏览规律是值得尝试的。

第二章

认知神经科学的方法

认知神经科学是在认知科学和神经科学的基础上交叉结合而成的学科。认知科学是一门在认知心理学的基础上综合心理语言学、人工神经网络、人工智能的学科，主要在认知心理和认知机制的层面上研究人类认知的规律。神经科学最初起源于20世纪早期的神经元学说，神经科学主要研究人脑的结构、功能及其形成机理。神经科学从研究方向而言，主要可以分成两大主流方向：一是包括神经元及基于神经元和基因的脑功能研究；二是脑区活动及脑功能形成机理等相对宏观的方向。[①]

20世纪70年代，在神经科学和认知科学发展的基础上，美国心理学家George Miller就提出了认知神经科学（cognitive neuroscience）的概念，旨在脑神经的层面上研究意识的形成和机理等有关问题。认知神经科学是在神经科学（neuroscience）和认知科学（cognitive science）的基础上发展起来的，其宗旨在于阐明各种认知活动的脑内过程和神经机制。21世纪以来，脑神经技术的发展推动了认知神经科学在多个领域的应用，认知神经科学与管理学、经济学、社会学、传播学等学科的交叉发展十分迅猛。

第一节 传播效果研究的困境与认知神经科学的引入

一 传统传播效果研究的困境

随着传播媒介形态的发展，媒介作为人体的延伸，不仅形塑了新的社

① 马庆国、王小毅：《认知神经科学、神经经济学与神经管理学》，《管理世界》2006年第10期。

会形态、革新了人们的生产和生活方式，同时也为传播学的研究提出了新的命题和挑战，新的传播现象和传播规律不断超越传统传播学研究的阈限，创新研究方法已成了时不我待的关键问题。

已有的传播效果研究以美国的经验学派为主导，主要采用调查法、内容分析法和行为实验法，其研究思路一般从两个方面展开：一是考察信息本身产生的效果，也就是信息“说什么”与“如何说”对受众认知、态度以及行为的影响；二是考察信息传递过程中，影响传播效果产生的调节变量和中介变量。

耶鲁学派在实验室中进行的态度改变研究是传统经验学派研究的代表。信息的恐惧诉求、议程设置理论等假说，其本质是考察议题显著性从媒介到受众的转移，也就是媒介所呈现的信息“说什么”和会影响受众“想什么”。聂静虹指出，近年来成为热点的框架效应（framing effects），关注的则是大众传媒对同一新闻内容的不同架构所产生的启动效应，进而判断受众的认知、理解和评价对政治事件和政治人物的影响。[①] 这实际上是考察信息的“如何说”通过大众媒介渠道进行传递后产生的效果。信息的传播过程是由多个环节构成的，任何传播行为本身也是发生在各种要素构成的社会环境中，大部分传播媒介的效果产生都会受其他变量的影响。

但是，传统的传播效果评价方法——问卷调查和深度访谈通常预设了一个理论——把人回答问题时的理性选择等同于行为选择，这是一种完全不受干扰下的理想状态的选择。然而，实际中人们做选择时是无意识或者受到具体因素影响的。此外，传统的方法通常是事后对传播对象的考察，无法涉及受众接受信息时所发生的即时反应。这样所得的调查结果是经过被试者主观认知判断后的二次反馈，其表述的内容只能代表他们在意识层面的感知，而难以深入到支配情感态度认知的潜意识层面，结果可能与他们潜意识层面实际感兴趣的内容存在较大差异。哈佛商学院营销学教授杰拉尔德·扎尔特曼（Gerald Zaltman）指出人们选择时只对自己的感觉忠诚，他认为：“对态度、情绪等主观认知的评价问题，意识层面的语言表达或逻辑解释给出的结论通常不可靠——人类 95% 的思维过程都是由潜

① 聂静虹：《论政治传播中的议题设置、启动效果和框架效果》，《政治学研究》2012 年第 5 期。

意识所控制的，这种潜意识发生在那些我们难以表述且意识不到的认知过程。”① 简言之，这是对受众信息处理加工过程的研究，是对大脑和潜意识的研究。而这一研究是传播学传统研究方法无法解决的，认知神经科学中的实验法恰恰弥补了这方面的不足。

二　认知神经科学：打开大脑活动的“黑箱”

大脑是人类思想、情感和行为的中枢，对传播效果的呈现与大脑的神经活动息息相关。当代认知神经科学技术的发展，为传播学基于传播主体的解释提供了新的方法路径。相较于传统的问卷调查或访谈等主观的研究方法，基于认知神经科学的调查更能从心理上、从潜意识的层面进行效果的评估。早在 1899 年，弗洛伊德就在其著作《梦的解析》中指出：“人的行为举止，只有少部分是意识在控制，其余大部分都是由潜意识主宰的，而且是人察觉不到的情况下主动地运作。”② 曾与史蒂芬·霍金合著《时间简史》的美国顶尖物理学家列纳德·蒙洛迪诺（Leonard Mlodinow）在《潜意识：控制你行为的秘密》的序言里也明确地指出：“人类行为是由无数感知、感受和想法的涓流在意识和潜意识层面汇聚而成的结果，我们行为背后的原因，自己都说不清。”③ 也就是说，人类的行为是受潜意识控制的。因此，将认知神经科学的方法引入传播学以及传媒产业的效果研究中，将有助于了解符号主体的潜意识，从而打开人的大脑活动的“黑箱”，更精确地描述传播的潜意识心理，更客观地测量传播效果。

三　认知神经科学与传播学的融合

认知神经科学是从脑神经的层面对人的认知活动细节进行研究的学科，其基本任务是找到心理过程和生理过程的基本关系，主要关注记忆、感觉、知觉、情绪、行为和意识等方面的神经机制。目前较为成熟的神经科学研究工具有：功能核磁共振成像（fMRI）、脑电（EEG）、事件相关电位（ERP）、眼动仪（Eye-tracking）和皮肤电反应（SCR）等。认知神

① ［美］杰拉尔德·扎尔特曼：《客户如何思考》，李华飚、李旭晟、李水根译，机械工业出版社 2004 年版，第 7 页。

② ［奥］西格蒙德·弗洛伊德：《梦的解析》，彭润金译，京华出版社 2000 年版。

③ ［美］列纳德·蒙洛迪诺：《潜意识：控制你行为的秘密》，赵崧惠译，中国青年出版社 2013 年版。

经科学的方法已经广泛地应用于心理学、医学、人工智能等应用学科，与社会科学领域的交叉研究也取得重要发展，如神经经济学（主要观察人们做经济决策的过程，从而进行预判）、神经管理学（主要研究消费者行为、管理问题上的决策行为）、神经教育学（主要是体育运动和语言方面的研究）、神经法学（最常见的应用是测谎技术）等。

认知神经科学尝试引进了对符号主体的研究。根据皮尔斯的符号学理论，对符号意指结构的理解，需要在符号的三元结构和二组二元关系上增加一个重要因素，即符号认知的主体。传播符号学与经典的传播理论最重大的分歧，就是视传播为意义的生产过程，否定了意义被固定在信息中的传统观念。按照这一理论，意义不仅是符号、符号意义和客体之间的互动结果，同时还取决于符号认知主体——人，与符号之间的动态关系。因此，对符号认知主体的研究就成为传播符号学进一步推进的关键环节。基于此，李思屈教授提出了未来传播学发展的趋势之一，即是传播与认知神经科学的融合①。认知神经科学和传播学的研究对象是一致的。研究传播其实就是研究人与信息之间的关系，而认知神经科学的实验方法就是研究人处理信息时的生理学和心理学上的机理，恰好可以弥补传播学研究中传统的问卷调查研究方法的不足，两者的区别见表 2 - 1。

表 2 - 1　**传统的问卷调查法与认知神经实验法的区别**

内容	问卷调查法	认知神经实验法
研究假设	做问卷或访谈时的理性回答等同于日常的行为选择；行为可以汇总统计；通过对抽样样本的数据统计推断总体并据此预测未来	生理行为和心理活动相互影响，通过测量心理和生理因素变化，从潜意识的层面给出人行为变化的机理
原理	依靠调查对象的主观判断汇总统计得到描述总体的数据	依据精确的脑神经仪器（脑电、眼动仪和皮肤电）客观记录被试的神经和情绪反应
样本量	样本量较大，一般在 600 个以上	样本量较小，一般在 20 个以下，通常 12 个样本就属于边缘有效
数据	数据相对简单	数据较复杂，需要一定的技术辅助
时间长短	较长	较短，30 分钟以内

① 李思屈：《当代传播符号学发展的三种趋势》，《国际新闻界》2013 年第 6 期。

近年来，认知神经科学与传播学的结合初见雏形。波兰的 Rafal Ohme 教授创办的人类大脑与认知科学实验室就致力于消费者的认知神经科学研究，他们认为采用脑电、眼动以及生理数据研究人的潜意识，这种方法对平面媒体和视频媒体传播效果的研究是直观而有效的①。美国密歇根州立大学传播学院的李海荣教授也指出："将认知神经科学的方法引入传播学的研究，考察人的注意、唤起、情绪和记忆四个方面的生理心理活动，将有助于传播学开辟新的研究领域、实现新的突破。"② 在国外，已经有很多大学开设了认知科学与传播的课程，美国印第安纳大学的 Robert F. Potter 教授和密苏里大学 Paul D. Bolls 教授合著了《传播与认知科学：媒介心理生理学测量的理论与方法》（*Psychophysiological Measurement and Meaning: Cognitive and Emotional Processing of Media*），系统地介绍了认知神经的方法在传播学研究中的实际应用（包括理论基础和方法技巧），这本书于 2012 年已经由清华大学出版社翻译出版。此外，中国人民大学、浙江大学等国内知名高校的传播学相关学科也都相继成立了传播与认知科学实验室，在认知神经科学与广告、品牌、网站设计和影视效果测评等方面都有了相当多的成果。

第二节　相关实验方法及指标

传播学意义上的"传播渠道"通常包括传播使用的媒介和人的感官通道。通过前文的文献梳理，我们已经知道，从以电脑为媒介的互联网传播到以手机等小屏媒介的移动互联网传播，媒介形态的变化使得信息的传播方式和呈现方式都发生了变化。然而，媒介形态的变化仅仅只是影响了生产者和媒介本身吗？对于人们的信息感受和解读——从范式到作用机制——是否存在一些主要的，甚至是根本性的差异？作为传播主体的人在这一变化过程中，其感官通道产生了怎样的变化呢？

传统关于受众的研究方法大多采用调查问卷或是访谈方式，这两种方

① Ohme, R., Reykowska, D., Wiener, D., et al., "Analysis of Neurophysiological Reactions to Advertising Stimuli by Means of EEG and Galvanic Skin Response Measures", *Journal of Neuroscience Psychology & Economics*, Vol. 2, No. 1, 2009, pp. 21 - 31.

② 泛媒研究院院长、美国密歇根州立大学传播学院教授李海荣在中国人民大学"传播学与认知科学"国际学术研讨会（2010. 12）闭幕式上的讲话。

法都是基于意识层面的研究，其结果难免有失偏颇。基于人脑潜意识的研究方法将为传播学者讨论受众和媒介使用者在特定情境下的注意力、记忆程度和传播效果提供有益的启发。认知神经科学的方法，就是从人的感官通道进行研究，包括大脑认知、视觉、听觉以及情绪等方面。通过改变实验材料以及创造贴近现实的传播环境，考察被试的注意力、唤醒度和记忆度等变量，可以对不同的媒介形态及其传播效果进行探讨。

一 技术路径

本书拟解决“受众在移动互联网媒介上浏览信息的神经机制”的问题，技术路径如图 2－1 所示。

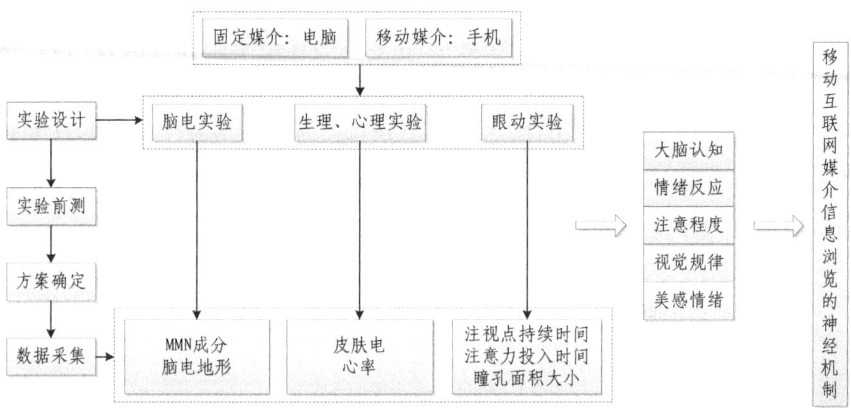

图 2－1 研究的技术路径

从中国互联网络信息中心（CNNIC）2023 年 3 月的统计数据可以看出，中国使用手机上网人群占比已达到九成以上，移动平台已超越传统的台式电脑成为接入互联网的主要方式。因此，本书在开展实验时，以手机作为移动媒介的代表，与之相对应的，以电脑作为固定媒介的代表，从而实现了控制变量的目的。

在实验设计方面，为解决本书的核心问题，考察受众使用移动互联网媒介时对信息的记忆度、关注度、感兴趣程度以及视觉浏览规律，本书在借鉴前人研究范式的基础上，设计三个认知神经实验——脑电实验、生理心理实验、眼动实验，模拟受众日常浏览信息的情境，分析比较在手机和电脑两种媒介上观看新闻、图片、广告时受众脑神经层面的 ERP 成分，生理心理层面的皮肤电反应和心率变化，眼动层面的注视点持续时间、注意力投入时间和瞳孔面积大小，从大脑认知、情绪反应、注意程度和眼动规律四个维度客观地评价受众在移动互联网媒介上浏览信息的脑神经机制和心理活动变化，探究受众在移动互联网媒介上浏览信息的神经机制、特征和规律。

在研究对象方面，笔者在浙江大学校内论坛 CC98 上有偿招募在校大学生参加实验。所有被试均为右利手，裸眼或矫正视力均达到 5.0 以上，色觉正常，听力正常，无其他精神病史。每位被试在实验开始前已阅读并签署《ERP 实验被试知情书（协议书）》《生理心理实验被试知情书（协议书）》《眼动实验被试知情书（协议书）》，在实验结束后可获得报酬。需要说明的是，本书将分别招募三个实验的被试，其一是因为三个实验具有一定的关联性，若采用同一个被试进行三个实验，被试容易在实验时进行一些心理上的预判，猜测实验目的，从而影响实验数据的真实有效性；其二是因为连续的实验，也会使被试产生疲劳，而疲劳的实验数据在数据处理时将会被剔除，这就影响实验数据的有效性。

二 认知层面

事件相关电位（Event-Related Potentials，ERPs）[①] 是认知神经科学常用的研究工具，它是指当外加一种特定的刺激，作用于感觉系统或脑的某一部位，在给予刺激或撤销刺激时，在脑区引起的电位变化。[②] ERP 是触发在注意的基础上，与识别、比较、判断、记忆及其他脑科学研究方法相比，ERP 的优势在于具有很高的时间分辨率。不同的 ERP 成分都指征特定的心理过程，因此不同的 ERP 成分都与特定的认知活动相关。其中，与本书相关的 ERP 成分是 MMN（mismatch negativity，失匹配负波）。

（一）MMN 成分

1. MMN 的定义、经典范式和提取过程

MMN（mismatch negativity，失匹配负波）于 1978 年由 Näätänen 等人

---

① 由于“potentials”为复数形式，因此事件相关电位的英文简称应为“ERPs”而不是“ERP”。但由于“ERP”应用的广泛性，“s”在实际应用中经常被省略掉。本书中仍然沿用习惯，标示为“ERP”，特此说明。

② 赵仑：《ERPs 实验教程》，东南大学出版社 2010 年版，第 20 页。

首先提出，它是由于呈现刺激的前后不一致而诱发的一种负波。MMN 是反映大脑皮层早期预处理的指标，是反映前注意水平大脑对听觉信号变化的事件相关电位。确切地说，它反映了初级听觉皮层和邻近颞上回皮质的激活过程。[①] 与常见的 N2 和 P300 不同，N2 反映的是听觉联合皮层的激活过程，P300 反映前额区、颞顶区及其他联合皮层的激活功能。[②] MMN 在实验过程中被试不需要主动辨认偏差刺激，是在大脑无意识的情况下自动察觉刺激的变化的电生理学测试指标[③]，反映了被试对标准刺激（standard stimuli）和偏差刺激（deviant stimuli）的自动识别过程，运用相减技术，用偏差刺激的 ERP 减去标准刺激的 ERP 得到的差异波即 MMN，能更好地反映大脑对信息的自动加工能力[④]。

MMN 的提取主要是运用听觉 oddball 范式，在标准声音刺激中随机插入小概率的偏差刺激，分别在被试双耳中呈现，同时被试在进行一个作业任务，不需要被试的主动参与，通过脑电记录下被试在作业过程中的脑电波。结果无论注意与否，偏差刺激均比标准刺激引起更高的负波，而将两者相减得到差异波即为 MMN，它一般出现在刺激后 100—250ms 左右，为负波。

在 MMN 的提取过程中，相减技术是核心和关键。所谓相减，即是将两种任务或者刺激类型 ERP 波形进行相减，从而提取出更为纯粹、心理意义更为清楚的 ERP 成分，这种成分通常被称为差异波。[⑤] 传统 MMN 通常在 oddball 模式下出现，即是将非注意状态下刺激序列中偶尔（小概率）出现的偏差刺激的事件相关电位（ERP）减去经常（大概率）出现的标准刺激的事件相关电位（ERP）所得到的差异波即是 ERP。其波形提取过程如图 2－2 所示。

---

① 张明岛、陈兴时：《事件相关电位研究新进展——失匹配负波》，《神经病学与神经康复学杂志》2009 年第 4 期。

② Shelly, A. M., Ward, P. B., Catts S. V., et al., "Mismatch Negativity: an Index of a Pre-attentive Processing Deficit in Schizophrenia", *Biol Psychiatry*, Vol. 30, No. 10, 1991, pp. 1059－1064.

③ Näätänen, R., "The Perception of Speech Sounds by the Human Brain as Reflected by the Mismatch Negativity (MMN) and its Magnetic Equivalent MMNm", *Psychophysiology*, Vol. 38, No. 1, 2001, pp. 1－21.

④ Näätänen, R., Gaillard, A. & Mäntysalo, S., "Early Selective-Attention Effect on Evoked Potential Reinterpreted", *Acta Psychol*, Vol. 42, No. 4, 1978, pp. 313－329.

⑤ 赵仑：《ERPs 实验教程》，东南大学出版社 2010 年版，第 20 页。

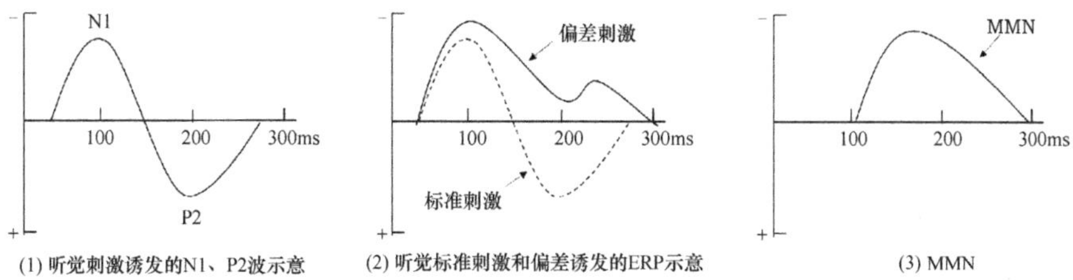

图 2－2　MMN 提取过程

2. MMN 的头皮分布和溯源分析

MMN 的头皮分布在听觉皮质及其邻近部位和额叶，大脑半球分布存在右侧优势，即右半球大于左半球。在中线位置，其波幅大小依次为 FZ、CZ 和 PZ。[①] 已证实的 MMN 的来源有两处，分别为颞叶触及听觉皮质和额叶刺激听觉皮质。不同类型 MMN 头皮分布也是不同的。Giard、Lacikahen、Reinikainen、Perrin、Bertrand、Pernier 和 Näätänen（1995）将由频率、强度和持续时间不同的特征所诱发出来的 MMN 的头皮分布做了比较。他们发现这些 MMN 之间确实存在头皮分布的差异，并进一步提出不同类型的 MMN 有不同的来源。[②] Frodl-Bauch、Kathmann、Möller 和 Hegerl 也发现对由持续时间不同而诱发的 MMN 进行溯源分析得到的源相比由频率不同而诱发的 MMN 的源更加靠后。[③] Näätänen 和 Alho 则发现由语音所诱发出来的 MMN 反应在左半球比在右半球的要大[④]，其他人也发现语音或者纯音诱发 MMN 的大脑源并不对称。对于纯音和语音的比较而言，MMN 在左半球的分布还是相同的，而在右半球，纯音引起的 MMN 的电

---

① Näätänen, R. & Winkler, I., "The Concept of Auditory Stimulus Representation in Cognitive Neuroscience", *Psychological Bulletin*, Vol. 125, No. 6, 1999, p. 826.

② Giard, M., Lacikahen, J., Reinikainen, K., Perrin, F., Bertrand, O., Pernier, J. & Näätänen, R., "Separate Representation of Stimulus Frequency, Intensity, and Duration in Auditory Sensory Memory. An Event-Related Potential and Dipole-Model Analysis", *Journal of Cognitive Neuroscience*, Vol. 7, No. 2, 1995, pp. 133－143.

③ Frodl-Bauch, T., Kathmann, N., Möller, H. J. & Hegerl, U., "Dipole Localization and Test-Retest Reliability of Frequency and Duration Mismatch Negativity Generator Processes", *Brain Topography*, Vol. 10, No. 1, 1997, pp. 3－8.

④ Näätänen, R. & Alho, K., "Mismatch Negativity-the Measure for Central Sound Representation Accuracy", *Audiology and Neurotology*, Vol. 2, No. 5, 1997, pp. 341－353.

流密度要比语音引起的更强。① 以上的研究结果都表明不同种类的 MMN 的源可能不同。Alain、Achim 和 Woods 对脑地形图进行主成分分析，发现不同的频率和类型诱发的 MMN 并没有共同的发生源，这表明两者的发生源不同。② 也即是说在神经电生理的原理上，对频率差异和类型差异进行前注意加工的脑内机制是不同的。

3. MMN 与人脑自动信息加工

从 Frodl-Bauch 等人的研究中我们知道，MMN 对大脑皮层的感官信息主要与听觉信息早期预处理活动有关，反映了初级听觉皮层和邻近颞上回皮质的激活过程。MMN 最大的特点就是可以在非注意条件下出现，也就是说，无论注意与否，在约 250ms 内的偏差刺激皆比标准刺激引起更高的负波。由于偏差刺激出现的概率很小，且与标准刺激差异甚小，因此在由标准刺激和偏差刺激组成的一系列刺激中，偏差刺激是标准刺激的一种变化，偏差刺激引起的差异波 MMN 就是该变化的反映。在非注意条件下这一刺激变化是在被试非注意下产生的，而这一非注意的外界变化必然引起了一定形式的脑波 MMN，可见 MMN 反映了脑对信息的自动加工。③ MMN 的发现为脑的信息自动加工提供了难得的客观指标，由此，科学家们客观地证实了人脑信息自动加工的存在。

在听觉感知记忆和视觉信息关联的研究中，有研究者比较了解由非言语视听偏差刺激在视觉标准刺激、听觉标准刺激及视听标准刺激条件下各自引发的 MMN，而这种失匹配负波包含了视听两种感知成分，在失匹配负波出现之前，视觉与听觉信息便已经产生了交互作用，这种视听双通道刺激下产生的失匹配负波与视觉、听觉两种感知特异性的失匹配负波的简单叠加是有显著差异的，证明了视觉和听觉加工进程并非各自纯自然独立的加工过程。④ Jacobsen 和 Schröger 设计了 oddball 刺激序列的对照条件，

---

① 宋健、刘敏、苗丹民：《36 h 睡眠剥夺对非意识—意识转化影响的事件相关电位研究》，《中华行为医学与脑科学杂志》2009 年第 9 期。

② Alain, C., Achim, A. & Woods, D. L., "Separate Memory-Related Processing for Auditory Frequency and Patterns", *Psychophysiology*, Vol. 36, No. 6, 1999, pp. 737 – 744.

③ Frodl-Bauch, T., Kathmann, N., Möller, H. J. & Hegerl, U., "Dipole Localization and Test-Retest Reliability of Frequency and Duration Mismatch Negativity Generator Processes", *Brain Topography*, Vol. 10, No. 1, 1997, pp. 3 – 8.

④ Besle, J., Fort, A. & Giard, M. H., "Is the Auditory Sensory Memory Sensitive to Visual Information?", *Experimental Brain Research*, Vol. 166, No. 3 – 4, 2005, pp. 337 – 344.

证明了 *MMN* 与大脑皮层对听觉感官信息早期预处理活动——感觉记忆有关。[①] MMN 反映了听觉皮层和邻近颞上回皮质的激活过程，即反映的是被试在进行作业任务时受干扰的程度，即可反推其完成作业任务时的注意程度和信息认知过程。

随着互联网时代的发展，新的媒介终端层出不穷，不同媒介形态给人们带来了不同的阅读体验，进而对受众的信息接收机制也产生了潜移默化的影响。国内外已有相关学者进行了这方面的探讨。有学者从麦克卢汉的媒介理论观点推导出："媒介形塑着人们的认知偏好和信息的处理方式。不同的媒介形态对人们感官的介入程度不同，因此人们基于不同的媒介对事物所产生的认知和体验也不同，媒介的特性对个人认知的影响有着至关重要的作用。"[②] 认知神经科学对视听认知的研究可以辅助传播学探讨人在不同传播渠道组合环境中的注意力，进而判别传播效果。美国爱荷华州立大学的 Joel Geske 和 Saras Bellur 使用 EEG 研究了印刷材料和 CRT（Cathode Ray Tube）显示器带给阅读者的认知差异，该研究着眼于人们早期的视觉加工过程（early visual），即自下向上的视觉注意（bottom-up visual attention）和稍后的自上而下的信息加工（later top-down processing）阶段。通过研究发现，两种不同的媒介形态，在自下向上的视觉注意和稍后的自上而下的信息加工方面都存在显著差异。在吸引注意力方面，相较于 CRT 显示器，印刷材料的认知效果更好，并指出可能的原因是 CRT 显示器的"闪动"效应（a flicker effect）影响了大脑的处理机制，从而引起人们观察信息时的差异。[③] 中国人民大学传播与认知科学实验室采用 oddball 范式，以 ERP 中的 MMN 成分为衡量指标，对报纸和电子书的脑认知机制进行了研究。研究发现：①人们使用报纸和电子书进行阅读时存在认知方式上的明显差异，电子书的认知发生更加全面均衡；②相比于电子书，被试在报纸上阅读新闻内容时能吸引更多的注

① Jacobsen, T. & Schröger, E., "Is There Pre-Attentive Memory-Based Comparison of Pitch?", *Psychophysiology*, Vol. 38, No. 4, 2001, pp. 723 – 727.

② 中国人民大学传播与认知科学实验室：《媒介即信息：一项基于 MMN 的实证研究——关于纸质报纸和电纸书报纸的脑认知机制比较研究》，《国际新闻界》2010 年第 11 期。

③ Geske, J. & Bellur, S., "Differences in Brain Information Processing Between Print and Computer Screens: Bottom – up and Top – down Attention Factors", *International Journal of Advertising*, Vol. 27, No. 3, 2008, pp. 399 – 423.

意力资源。①

（二）Oddball 实验范式

范式（paradigm）是美国著名科学哲学家托马斯·库恩（Thomas S. Kuhn）在其《科学革命的结构》一书中提出的，他认为："范式通常指那些公认的科学成就，它们在一段时间里为实践共同体提供典型的问题和解答。"② 通俗地来说，范式就是指研究的一种方法、技巧、角度和途径，有时候会用研究路径或研究框架来替代研究范式的概念。③

常用的 MMN 范式主要有以下两种：oddball 实验范式④、双耳分听实验模式⑤和跨通道延迟反应⑥。MMN 最早使用的 oddball 范式分为主动和被动两种。主动 oddball 范式是在一组重复出现的标准刺激（大概率）中随机插入刺激参数不同的变差刺激（小概率），让被试者辨认偏差刺激；被动 oddball 范式则是使被试者不注意所有刺激信号⑦。经典双耳分听实验是 Näätänen 设计的，Näätänen 在这一模式中运用 oddball 范式，给左耳和右耳不同的标准刺激和偏差刺激，让被试者只注意单一耳朵的偏差刺激，指定耳可以互换，也可以让被试者阅读而忽视听觉刺激。跨通道延迟反应是我国学者魏景汉设计的，该反应模式要求被试完成两项实验，即注意听觉通道和注意视觉通道，刺激分别都包括偏差刺激、标准刺激和反应命令信号。实验中同时记录注意与非注意条件下的视觉 MMN 和听觉 MMN，既有效地提高了非注意纯度，同时消除了靶效应。⑧

---

① 中国人民大学传播与认知科学实验室：《媒介即信息：一项基于 MMN 的实证研究——关于纸质报纸和电纸书报纸的脑认知机制比较研究》，《国际新闻界》2010 年第 11 期。

② ［美］托马斯·库恩：《科学革命的结构》，金吾伦、胡新和译，北京大学出版社 2003 年版。

③ 幸小利：《新媒体环境下的受众研究范式转换与创新》，《国际新闻界》2014 年第 9 期。

④ Näätänen, R., Gaillard, A. & Mäntysalo, S., "Early Selective-Attention Effect on Evoked Potential Reinterpreted", *Acta Psychol*, Vol. 42, No. 4, 1978, pp. 313 – 329.

⑤ Näätänen, R., Paavilainen, P., Titinen, H., Jiang, D. & Alho, K., "Attention and Mismatch Negativity", *Psychophysiology*, Vol. 30, No. 5, 1993, pp. 436 – 450.

⑥ Wei, J. H., Chan, T. C. & Luo, Y. J., "A Modified Oddball Paradigm 'Cross-Modal Delayed Response' and the Research on Mismatch Negativity", *Brain Bulletin*, Vol. 57, No. 2, 2002, pp. 221 – 230.

⑦ Coull, J. T., "Neural Correlates of Attention and Arousal: Insights from Electrophysiology, Functional Neuroimaging and Psychopharmacology", *Progress in Neurobiology*, Vol. 55, No. 4, 1998, pp. 343 – 361.

⑧ 魏景汉：《仿同时刺激延迟反应模式及其在 ERP 研究中的作用》，《心理学动态》1995 年第 4 期。

Oddball 范式在实验过程中采用两种或多种不同刺激持续交替呈现，且两种刺激呈现的概率显著不同。一般是由大概率（一般在 70%—80% 以上）的标准刺激（standard stimuli）和小概率（一般在 20%—30% 以上）的偏差刺激（deviant stimuli）组成。在 MMN 的提取过程中，相减技术是核心和关键。所谓相减，即是将两种任务或刺激类型 ERP 波形进行相减，如此，偏差刺激和标准刺激诱发的 ERP 差异波——MMN 便可清楚获得，从而提取出更纯粹、心理意义更清楚的 ERP 成分。MMN 成分，即是将非注意状态下的小概率刺激的 ERP 减去大概率刺激的 ERP 波形得到的差异波。

本书基于前人关于报纸和电子书两种媒介脑认知机制差别的研究范式拓展到基于互联网的媒介——电脑和基于移动互联网的媒介——手机，主要考察的是人们在通过电脑和手机两种媒介阅读相同的信息时脑对听觉信息的自动处理过程。因此，选择听觉诱发电位中经常使用的 ERP 成分 MMN 为指标，以经典双耳分听实验模式中让被试阅读而忽视听觉刺激的方法提取被试者的听觉 MMN①，测试被试在一个相对轻松的环境下，在电脑和手机上阅读相同信息内容时对外界听觉信息的自动加工能力，从而评估不同介质的媒体对人信息处理机制的影响。

三　情绪层面

人类在认识外界事物时，会产生喜与悲、乐与苦、爱与恨等主观体验。情绪（emotion）即是指人对客观事物是否符合自身需要而产生的态度体验及相应的行为反应。情绪是复杂的心理状态，一般来说，人的情绪由三个方面构成：主观体验（subjective feeling，心理层面），外部表现（expressive behavior，行为层面）和生理唤醒（physiological response，生理层面）；也有其他人的研究表明情绪还包括认知评价（cognitive appraisal）和行为倾向（action tendencies）。② 情绪维度理论认为人类的每一种情

① 听觉 MMN 实验通常采用视觉分心任务建立听觉信息的非注意条件，如简单视觉区分任务、观看无声或声音很小的影片、阅读一本书。引自赵仑《ERPs 实验教程》，东南大学出版社 2010 年版，第 55 页。

② Oatley, K., Keltner, D. & Jenkins, J. M., *Understanding Emotions* (2nd ed.), Oxford: Blackwell Publishing, 2006.

绪是由几个基本的维度构成的，维度空间中的距离代表了不同情绪之间的差异性和相似性。Russell 将情绪分为两个维度：一是效价或愉悦度（valance），由正到负，表示情绪从愉悦到不愉悦；二是唤起度（arousal），由弱到强，表示从平静到兴奋（如图 2－3 所示）。① 传统的研究认为情绪的效价维度是具有两极性的，即正负效价的线性两端是连续的，Cacioppo 等的研究否认了这个观点，他们认为正效价（愉悦）和负效价（不愉悦）之间是相互独立的，正效价那端的愉悦感受称为积极情绪，负效价那端的不愉悦感受称为消极情绪。②

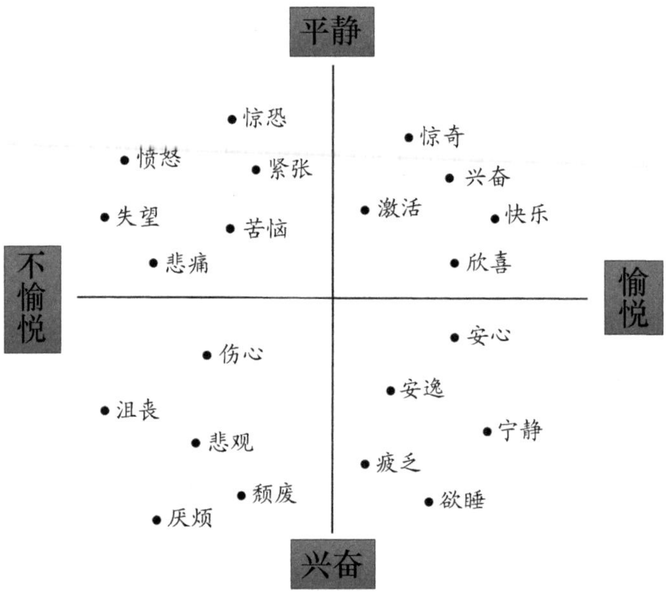

图 2－3 Russel 的情绪维度理论示意图

现有的研究已经证明了人的生理成分中存在和愉悦、不愉悦及唤醒度相关的生理因素。Lang、Greenwald、Bradley 等人指出最常见的生理心理

① Russell, J. A., "A Circumplex Model of Affect", *Journal of Personality and Social Psychology*, Vol. 39, No. 6, 1980, pp. 1161－1178.

② Cacioppo, J. T., Gardner, W. L. & Berntson, G. G., "The Affect System Has Parallel and Integrative Processing Components", *Journal of Personality & Social Psychology*, Vol. 76, No. 5, 1999, pp. 839－855.

指标是面部肌电（EMG）。[①] Homburger、Lüscher、Scherer-Lorenzen 等人以面部肌电为指标，分别观察到人们在观看情感图片和听电台广告时会引起颧大肌或皱眉肌的活动增加（分别指嘴角上扬和皱眉），这两个肌群活动的增加指向的是情绪的愉悦和不愉悦。[②] 而眼轮匝肌外侧的收缩（脸颊提升）被证明与愉悦有关[③]，特别是与高强度唤醒的积极情绪相关[④]，这个肌群的活动同时也被用于区分发自内心的会心笑容和假的等其他类型的笑容。[⑤] 一般来说，用生理心理的方法（如面部肌电图）来测量情绪比参与者自我报告的方式有优势。[⑥] 为了不干扰实验刺激的进程，自我报告的方法通常是在刺激呈现结束后收集数据，这使得被试容易混淆语言、记忆和认知判断带来的影响，更重要的是生理心理的测量方法还能揭示情绪上一些微妙的不可自我感知的潜意识。生理心理的测量方法不仅能反映人的情绪，还能反映注意力等其他生理心理特征。

已有研究表明，情绪可以用行为表现、生理指标、特定动作和问卷等多种形式进行测量，因而将个体生理反应和主观的个人报告结合起来，可以增加情绪研究的准确性。[⑦] 本书中，我们将使用 IAPS 图片库中的图片作为实验刺激材料，考察被试在不同媒介上生理指标（心率、皮肤电反应）的变化。行为医学的研究发现，IAPS 图片库中的消极情绪图片可引起舒张压、收缩压、唾液皮质醇水平的明显上升，正性情绪图片可引发收

---

① Lang, P. J., Greenwald, M. K., Bradley, M. M., et al., "Looking at Pictures: Affective, Facial, Visceral, and Behavioral Reactions", *Psychophysiology*, Vol. 30, No. 3, 1993, pp. 261 - 273.

② Homburger, H., Lüscher, A., Scherer-Lorenzen, M., et al., "The Effects of Message Valence and Listener Arousal on Attention, Memory, and Facial Muscular Responses to Radio Advertisements", *Communication Research*, Vol. 28, No. 5, 2001, pp. 627 - 651.

③ Jäncke, L., "An EMG Investigation of the Coactivation of Facial Muscles During the Presentation of Affect-Laden Stimuli", *Journal of Psychophysiology*, No. 8, 1994, pp. 1 - 10.

④ Ravaja, N., "Contributions of Psychophysiology to Media Research: Review and Recommendations", *Media Psychology*, Vol. 6, No. 2, 2004, pp. 193 - 235.

⑤ Ekman, P., Davidson, R. J. & Friesen, W. V., "The Duchenne smile: Emotional Expression and Brain Physiology: II", *Journal of Personality & Social Psychology*, Vol. 58, No. 2, 1990, pp. 342 - 353.

⑥ Ravaja, N., "Contributions of Psychophysiology to Media Research: Review and Recommendations", *Media Psychology*, Vol. 6, No. 2, 2004, pp. 193 - 235.

⑦ 王惠民、崔秋耕：《利用肌电反馈技术进行心理控制训练研究》，《体育科学》1991 年第 4 期。

缩压、心率明显下降。[①] 也有研究得出负性情绪和皮质醇之间的关系较为密切，涉及恐惧、焦虑、无望、失控的情境可造成皮质醇释放。[②] 消极情绪可激活交感神经系统，造成血压上升；而积极和中性情绪图片则可造成交感神经系统活性下降。

通常自主神经系统活动的指标有心率（Heart Rate，HR）、皮肤电反应（Skin Conductance Responses，SCR）、指端脉搏容积（Finger Pulse Volume，FPV）、血压等，研究表明，这几个生理指标都是标定个人情绪变化的有效指标。[③] 研究者使用多导生理测量仪诱发被试的正、负性情绪，结果发现不同情绪下的自主生理反应是不同的，正性情绪下，心率（HR）变化不显著，指端脉搏容积（FPV）显著下降；负性情绪下，心率（HR）显著增加，指端脉搏容积（FPV）显著下降。Hubert 等人以电影作为刺激材料来诱发被试的正性和负性情绪，以身体感受、心率、呼吸率和皮肤电、面部肌电图（EMC，主要是颧骨肌区）、唾液皮质醇为生理指标，研究得出除了心率和唾液皮质醇没有显著差异，正、负性情绪在其他生理指标上都有显著的差异。[④]

四 注意层面

新异（novelty）的刺激一直被认为可以吸引人们的注意力。[⑤] 早在 1927 年，Pavlov 提出古典制约理论（classical conditioning）就指出了当环境中出现新异刺激时，动物的感觉器官（如眼睛、耳朵等）会投入更多的注意力，这一连串的行为改变即为朝向反应（orienting response，OR）。[⑥]

近年来对媒介信息处理的研究中，也有学者对媒体内容的视觉信息复

---

① 杨宏宇、林文娟：《国际情绪图片系统在中国诱发正性和负性情绪反应的研究》，《中国行为医学科学》2005 年第 11 期。

② Buchanan，T. W.，Al'Absi，M. & Lovallo，W. R.，"Cortisol Fluctuates with Increases and Decreases in Negative Affect"，*Psychoneuroendocrinology*，Vol. 24，No. 2，1999，pp. 227 – 241.

③ 徐景波、孟昭兰、王丽华：《正负性情绪的自主生理反应实验研究》，《心理科学》1995 年第 3 期。

④ Hubert，W. & Jong-Meyer，R. D.，"Psychophysiological Response Patterns to Positive and Negative Film Stimuli"，*Biological Psychology*，Vol. 31，No. 1，1991，pp. 73 – 93.

⑤ Bradley，M. M.，"Natural Selective Attention：Orienting and Emotion"，*Psychophysiology*，Vol. 46，No. 1，2009，pp. 1 – 11.

⑥ Pavlov，I. P.，*Conditioned Reflex*，Oxford：Oxford University Press，1927.

杂度进行研究。Fox、Park 和 Lang 等人指出，信息的结构复杂度和信息密度的高低会影响人们在处理信息时达到资源分配。他们的研究采用的是次级任务反应时间法（Secondary Task Reaction Time，STRT），实验中被试被要求完成两项任务，一是认真观看电视内容，因为实验结束后将会进行记忆测验；二是在观看过程中听到“嘟”声时，被试需要进行按键反应。被试按键反应时间的快慢反映了被试获取认知资源的多少。在这个实验中自变量是镜头切换数量的多少（camera cut，即结构复杂度）和每秒内信息传递量的高低（information introduce，即信息密度），结果发现随着结构复杂度和信息密度的提高，被试必须花费更多注意力资源来保证记忆度，从而使得次级任务（按键反应）的反应时间变慢。①

五　眼动仪实验相关技术

（一）眼球运动的基本模式和参数②

人在进行无意注意或有意注意时，眼睛的视线总是对准知觉对象的某一点（眼睛的注视点），并不断地转动着视线以转换注意的目标。眼睛是以跳动的方式将视线转换到新的目标上去的，在每次目标转换以后，眼睛稍许停顿片刻，注视这一目标，然后再跳动到新的注视点上去。在注意对象时，眼睛就是这样不断地以注视、跳动、再注视……来达到对知觉对象的整体观察。

荆其诚在他的研究中解释了眼球运动，即人们通过眼睛获得来自外界的信息，在取得这些信息的过程中，人眼必须连续不断地运动，这就是眼球运动。③ 眼动的三种基本方式为：注视（fixation）、眼跳（saccades）和追随运动（pursuit movement）。

1. 注视

表现为在被观察目标上的停留，一般指将眼睛的中央窝对准观察目标的时间至少持续 100—200ms，在此期间被注视的物体成像在中央窝上，

① Fox, J. R., Park, B. & Lang, A., “When Available Resources Become Negative Resources: The Effects of Cognitive Overload on Memory Sensitivity and Criterion Bias”, *Communication Research*, Vol. 34, No. 3, 2007, pp. 277 - 296.

② 赵新灿、左洪福、任勇军：《眼动仪与视线跟踪技术综述》，《计算机工程与应用》2006 年第 12 期；徐洁：《心理实验室中眼动仪的原理与应用》，《实验室科学》2009 年第 3 期。

③ 荆其诚：《国外眼动的应用研究》，《心理科学通讯》1964 年第 1 期。

获得比较充分的加工而形成清晰的像。眼球运动的三种形式中，只有人们在注视时才能获取比较多的信息并进行加工。①

2. 眼跳

眼跳是指眼睛从当前的一个注视点变化到下一个注视点，使下一步要注视的内容落在视网膜最敏感的中央附近，是一种联合眼动（双眼同时移动）。两个注视点间跳动的距离叫作眼跳距离，这是反映知觉广度的一个重要指标，距离越大，说明被试一次注视所获得的信息量越大。通常眼跳是不容易被察觉的，我们总是认为眼睛是在做平滑的运动，事实上，眼睛是在对象的一部分上停留一段时间后又跳到另一部分上，将各个眼跳的过程连接起来就形成了眼动轨迹，该轨迹反映被试浏览信息的先后顺序。

3. 追随运动

当被观察对象与眼睛存在相对运动时，为了保证眼睛总是注视目标，眼球会追随物体移动，眼睛能够平滑地追踪运动速度为 1°/s—30°/s 的目标。追随运动必须有一个缓慢移动的目标，没有目标的情况下，一般不能执行。②

以上三种眼动方式经常交错在一起，目的均在于选择信息，将要注意的刺激物置于像与中央窝区域，以形成清晰的像。

（二）视线跟踪技术

视线跟踪是根据眼睛的特征和位置以及其他一些脸部线索来决定用户注视的方向，把它作为一种可选的或互补的计算机输入通道，为人机交互研究提供一种分析工具。视线跟踪的基本工作原理是利用图像处理技术，使用能锁定眼睛的特殊摄像机，通过摄入从人的眼角膜和瞳孔反射的红外线连续地记录视线变化，从而达到记录分析视线追踪过程的目的。具体过程是：由光源发出的光线经红外滤光镜过滤后只有红外线可以通过；红外线经过半反射镜后，部分到达反射镜，经反射镜发射到达眼球；眼球对红外线的反射光经同一反射镜到达能锁定眼睛的特殊的瞳孔摄像机。通过连续地记录从人的眼角膜和瞳孔反射的红外线，然后利用图像处理技术，得到眼球的完整图像；经软件处理后获得视线变化的数据，达到视线跟踪的

① 朱滢：《实验心理学》，北京大学出版社 2000 年版，第 121—127 页。

② 隋雪、李立洁：《眼球运动研究概况》，《辽宁师范大学学报》（社会科学版）2003 年第 1 期。

目的。由于眼动存在固有的抖动以及眨眼所造成的数据中断，即使在定位这段数据内，人为存在很多干扰信号，这在后期数据处理和分析中应该要被剔除掉。①

在心理学的研究中，视线跟踪的基本要求是：①要保证一定的精度，满足使用要求；②对用户基本无干扰；③定位校正简单；④可作为计算机的标准外设。

（三）眼动仪的实验原理

眼动仪就是用来研究注意时眼球运动的轨迹，以确定注意时不同部分所起的作用，进而分析信息加工过程的特点。Stiefelhagen 等人将眼动研究技术按照所借助的媒介分为以硬件和以软件为基础两种。② 我们知道，人眼睛的注视点由头和眼睛的方位共同决定。所以，以硬件为基础的视线跟踪技术的基本原理是利用图像处理技术，使用能锁定眼睛的眼摄像机，通过拍摄从人眼角膜和瞳孔反射的红外线连续记录视线变化，从而达到记录分析视线跟踪过程的目的。以硬件为基础的方法需要用户戴上特制的头盔或使用头部固定支架，对用户干扰很大。以软件为基础的视线跟踪技术是先利用摄像机获取人眼或脸部图像，然后用软件实现图像中人脸和人眼的定位与跟踪，从而估算用户在屏幕上的注视位置。③

眼动仪系统通过加工来自红外线瞳孔摄像机的眼睛视频信息，来识别和确定瞳孔中心和角膜反射点之间的距离变化。通过测量这些点横向和纵向的向量距离，得到各注视点的坐标，从而获得眼球运动的精确测量值。眼动系统可以记录眼球的水平和垂直运动的时间、位移距离、速度及瞳孔直径、注视位置等，并描绘出眼动的连续轨迹。此外，还可记录相关实验数据，如注视点数据（每个注视点的平均持续时间和百分比）、兴趣区（向被试呈现的视觉刺激的某一特定区域）、停留时间（花费在注视一个兴趣区上的总时间）、扫视时间和距离（两个注视点之间的间隔时间和长度）、平均瞳孔面积等。通过分析这些眼动数据，可以推断出被试的心理活动。

① 赵新灿、左洪福、任勇军：《眼动仪与视线跟踪技术综述》，《计算机工程与应用》2006 年第 12 期。

② Stiefelhagen, R., Yang, J. & Waibel, A., "A Model-Based Gaze Tracking System", *International Journal on Artificial Intelligence Tools*, Vol. 6, No. 2, 1997.

③ 徐洁：《心理实验室中眼动仪的原理与应用》，《实验室科学》2009 年第 3 期。

瑞典 Tobii Technology 眼动仪公司 2010 年的研究报告指出，现今最常用于探讨移动设备眼动规律的眼动仪有两种，一是传统的固定的桌面式眼动仪，使用一般的电脑屏幕来模拟手机，它能较精准地测量出使用者的视觉轨迹和注视点，然而由于它是以电脑屏幕模拟手机的实验，通常呈现的屏幕设计得比真实的手机屏幕大，这就造成了与真正的使用情形不完全一致；二是头戴式眼动仪（包括头盔式和眼镜式），被试戴上带有摄像镜头记录的头戴式眼动仪，可以实际观察真正使用手机的情形，有较高的真实使用性。然而，头戴式眼动仪因重量和舒适度的关系，对被试的干扰较大，测试时间不宜过长，也因此增加了资料收集的限制性。①

六 眼动研究综述

人们常形容眼睛是“心灵之窗”，对于内在的大脑和心智而言，眼球的确是最重要的接受外界信息刺激的器官。Just 和 Carpenter 在 1984 年提出的“眼—心假设”（eye-mind assumption）认为，人们目光所望之处与心中所想之事之间，具有强烈的联结，例如凝视一排字的持续时间的长短可以反映出文字内容的困难程度。② Treisman 和 Schmidt（1982）对额叶区受伤的病人做注意力对特征连结的实验，结果显示大脑额叶受伤的病人对于空间位置以及特征连结在辨识上的错误较多，由此可知大脑与视觉的运作息息相关。③

Rayner 指出，自 1935 年 Buswell 提出使用眼动追踪的方法探讨人们观看图像的规律后，眼动追踪技术开始广泛地被应用于探讨人们的阅读行为与效果的研究。Rayner 通过记录被试眼球停留在“字”或“句子”的时间来衡量被试在学习或认知这些信息的过程所需的时间，从而判定人们对信息认知加工的程度。其研究证实了眼球移动的位置可以反映出人们阅读与信息理解的模式。④

---

① 施懿芳：《行动广告版面设计对眼球运动与美感情绪影响之研究》，博士学位论文，台湾交通大学，2013 年，第 1—122 页。

② Just, M. A., Carpenter, P. A., et al., “Using Eye Fixations to Study Reading Comprehension”, *New Methods in Reading Comprehension Research*, 1984, pp. 151 – 182.

③ Treisman, A. & Schmidt, H., “Illusory Conjunctions in the Perception of Objects”, *Cognitive Psychology*, Vol. 14, No. 1, 1982, pp. 107 – 141.

④ Rayner, K., “Eye Movements in Reading and Information Processing”, *Psychological Bulletin*, Vol. 85, No. 3, 1978, pp. 618 – 660.

通过眼动追踪的方法，可以记录人在观察屏幕信息时的注视过程和浏览倾向性，从而可以抽象出人大脑加工信息的机理。目前国内外学者对眼动规律的研究都是从单一媒介的角度出发，如研究读者浏览网页的顺序与网页的长度、网页的设计等之间的关系①；文本域与关联图片区域之间的回视、网页版式设计的优劣势比较。② Galitz 的研究中指出，版面的左上角通常为人们观看的起点，接着由左往右或是由上至下浏览整个版面。③ Jakob Nielsen 等人通过眼动实验，对不同的网站进行测试，将用户阅读网页的视线运动规律总结为“F”模式。④ Itti 和 Koch 的研究发现，眼睛会根据图片中物件的醒目性顺序移动，图片中物件的颜色、形状、大小、密度和位置都可能对眼球移动的轨迹造成影响。⑤ 唐大仑和庄贤智指出，当人们同时阅读文字和图片时，因为图片和文字的占比不同，也会产生相异的视觉结果。⑥

Posner 通过眼动实验研究眼球运动与注意的关系，研究指出即使眼睛不移动，也可以利用注意力在空间中感知刺激的位置。注意力可将注意的事物聚焦，眼球随之移动到注意力投注的位置，通过眼球运动可以了解观者内在的情感认知。⑦ 由凝视轨迹可知，每个人观看模式的不同。因此，

---

① Goldberg, J. H., Stimson, M. J., Lewenstein, M., et al., “Eye Tracking in Web Search Tasks: Design Implications”, Eye Tracking Research & Application Symposium, New Orleans, Louisiana, USA, 2002; Chaparro, B. S., Owens, J. W. & Shrestha, S., “How Do Users Browse a Portal Website? An Examination of User Eye Movements”, *Usability News*, Vol. 10, No. 2, 2008, pp. 1 – 6.

② Beymer, D., Orton, P. Z. & Russell, D. M., “An Eye Tracking Study of How Pictures Influence Online Reading”, Human-Computer Interaction-INTERACT 2007, Ifip Tc 13 International Conference, Rio De Janeiro, Brazil, September 10 – 14, 2007, Proceedings, Part Ⅱ. Springer Berlin Heidelberg, 2007: 456 – 460.

③ Galitz, W. O., *The Essential Guide to User Interface Design: an Introduction to GUI Design Principles and Techniques*, New York: John Wiley & Sons, Inc., 1997.

④ Jakob Nielsen, “F-Shaped Pattern for Reading Web Content”, 2006 – 04 – 17, http://www.useit.com/alertbox/reading_pattern.html.

⑤ Itti, L. & Koch, C., “A Saliency-Based Search Mechanism for Overt and Covert Shifts of Visual Attention”, *Vision Research*, Vol. 40, No. 10 – 12, 2000, pp. 1489 – 1506.

⑥ 唐大仑、庄贤智：《由眼球追踪法探索电子报版面中图片位置对注意力分布之影响》，《广告学研究》2005 年第 24 期。

⑦ Posner, M. I., “Orienting of attention”, *Quarterly Journal of Experimental Psychology*, Vol. 32, No. 1, 1980, pp. 3 – 25.

可用凝视方式，了解视觉对信息的阅读策略与注意力的关系①；也可以通过观者凝视的轨迹，了解被试在不同媒介上浏览信息的规律，将这一规律应用到生产实践中，提升信息传播的效果。

早期的眼动测量属于侵入式研究，因此招募被试不易，得到的数据也不十分精准。近年来，随着眼动仪系统和设备的升级，眼动测试不再具有高危险性或是侵略性，甚至可以不用受限于特定的屏幕和实验环境，被试可以带着眼动测量设备行走，因此眼动研究渐渐扩展到不同的领域，用以观察被试的眼动规律以及兴趣停留点，可以更客观精确地辅助研究者理解刺激物被观看的过程，再结合后期问卷或访谈，可以更进一步得知消费者主观的偏好和想法，应用范围极广。

第三节 研究方法小结

人脑是信息认知和处理的核心器官。人们的行为和动机都是受到大脑的控制做出的显意识或潜意识的反应。但人们对人脑的认知机制一直以来被认为是一个神秘的“黑箱”。以往，人们几乎都是凭固有经验和感觉通过外围描述来推测人的行为动机或预测行动方向，而无法精确探查人们的行为动机究竟是来自于何种动力。近 10 年的实验研究对以往联想测量方式做出巨大改进，采用合理的实验设计如启动探测、内隐联想、情绪 stroop 等，可以有效地反映出人们决策的自动加工过程，弥补以往研究的不足。②

鉴于认知神经科学在社会、认知和神经三个水平研究纷繁复杂的社会情绪现象的独特性和有效性，越来越多的学者从认知神经科学的研究方法中汲取营养，开展研究。目前国外常用的较为成熟的神经科学研究工具有：功能性核磁共振成像（fMRI）、眼动仪（Eye Tracker）、脑电图（EEG）、事件相关电位（ERP）、皮肤电反应（SCR）等。fMRI 设备因高昂的造价，并不被广大科研机构青睐；而眼动仪、脑电信号分析的 ERP、

① Williams, L. M., Loughland, C. M., Green, M. J., et al., “Emotion Perception in Schizophrenia: an Eye Movement Study Comparing the Effectiveness of Risperidone vs. Haloperidol”, *Psychiatry Research*, Vol. 120, No. 1, 2003, pp. 13 –27.

② ［美］丹尼尔·卡尼曼：《思考，快与慢》，胡晓姣、李爱民、何梦莹译，中信出版社 2012 年版。

EEG 设备与 SCR 等研究手段因成本相对较低、实验较为便利、时间精度较高等特性而获得广泛的运用。

从掌握的文献显示，目前运用认知实验来考察小屏的信息接收规律、情绪唤起的程度以及由此产生的传播模式、传播效果的变化等相关问题尚属于一个新领域。已有的关于各种媒介传播效果的研究多半采用记忆或态度为指标，使用的测量方式也多半为自我报告（self-report），这些指标都是从主观层面考量的，只能呈现传播效果的结果面，无法得知使用者的认知机制在处理信息的过程中究竟是如何运作的。

本书基于认知实验的原理，通过采集被试使用移动互联网媒介设备获取信息的脑电 ERP、皮肤电和眼动指标数据，探讨受众在使用移动互联网媒介浏览信息（新闻信息、图片信息、广告信息）的视觉规律、情绪唤起程度以及相应激活的脑区成分，分析技术的变化对传播信息内容的生产带来的变化，从心理学的角度为信息传播模式的变化提供理论依据，也为信息内容的生产提供参考。

在进行脑电实验时，采用 Neuroscan 4.5 软硬件系统采集被试脑电放大信号。在 oddball 实验范式下，考察激活的 MMN（失匹配负波）成分的特征，记录受众使用移动互联网媒介时脑自动信息加工能力、早期感知觉尤其是皮质听觉加工及前注意的认知过程。

在进行生理、心理探测实验时，采用美国 BioPac 公司生产的 MP150 型多导生理记录仪和 BioPac 数据采集系统，进行皮肤电和心率的采集，记录被试在移动互联网媒介浏览信息时的情绪反应和注意力变化。

在进行眼动实验时，采用瑞典 Tobii Technology 公司开发的 Tobii Glasses 眼动仪记录被试浏览信息时的眼动指标，如注视点持续时间、注视点个数、造访次数、瞳孔面积大小等，通过这些指标的收集，构建受众在移动互联网媒介浏览信息的视觉注意规律。

第三章

大脑认知机制研究：脑电的方法

第一节 实验目的

本书旨在考察在阅读内容一定的前提下，通过变化呈现阅读材料的媒介（本实验中以手机和电脑为区分），找出被试在使用不同媒介进行阅读时认知能力的差异。本实验中，利用脑电设备记录被试阅读时的脑电波（EEG），通过后期处理转化为 ERP 进行大脑成分的分析，了解被试在不同媒介上阅读时被激活的脑区位置，最后结合实验后的新闻内容认知效果评定测验考察被试对阅读内容的记忆程度，以此来评定新闻内容在不同媒介上的传播效果。

本书的重点在于：首先，研究在传统 oddball 范式下，所诱发的被试在使用不同媒介时，在不同频率的声音刺激下的 MMN 波幅和潜伏期的特征，以评定被试在使用不同媒介时脑自动信息加工能力、早期感知觉尤其是皮质听觉加工及前注意的认知过程；其次，利用 MMN 成分对人脑自动信息加工能力在使用不同媒介的情况下的变化做精确和纯粹的描述，从而更好地反映人脑自动信息加工能力。

创新点：通过变化声音刺激的频率来研究不同媒介情况下被试对不同声音的脑信息自动加工的事件相关电位，可分辨出在不同媒介进行阅读时被试对不同属性的声音是否存在加工异常。

第二节 实验假设及实验变量

一 实验假设

基于上述实验目的，本实验围绕“不同媒介对受众阅读信息的认知能力的影响”展开讨论，由此提出如下假设：

假设 H1：使用电脑和手机两种媒介阅读相同的新闻信息时，大脑对听觉信息的自动加工过程存在差异，这种差异体现在听觉 MMN 上。

假设 H1a：使用电脑阅读过程中的 MMN 振幅的绝对值小于使用手机阅读时的 MMN，说明手机更适合阅读。

假设 H1b：被试在使用电脑和手机阅读过程中投入的注意力资源存在差异。

二　实验变量

自变量：实验的自变量为不同的媒介类型。媒介类型根据不同的尺寸大小分为代表小屏的手机和代表大屏的电脑两种。选择这两种媒介作为代表的原因在于：手机是最常用的一种小屏媒介，也是移动互联网最典型的终端设备；而电脑是互联网的终端设备，虽然不比电影银幕或是电视荧幕大，但它具有互联网的特性，所以将电脑作为大屏终端的代表。

因变量：阅读新闻材料时各个电位的脑电波，通过离线数据分析转换成本实验要考察的 MMN 成分。

第三节　实验设计

一　方法

实验采用 2（媒介类型）×2（声音刺激类型）混合实验设计，其中媒介类型分别为电脑和手机两类，是被试间变量，每位被试只需要在其中一种媒介环境下进行实验；声音刺激类型有标准刺激和偏差刺激两类（两种刺激类型详细介绍见本节第三部分），是被试内变量，对每位被试呈现两种频率不同的声音，整个实验过程中每个被试接受 1000 次实验。

本书中采用 Quik-Cap32 导电极帽，采集整个实验过程中 32 个电位的数据。根据研究需要和从前人研究中总结，对其中 12 个电位分别进行重复测量方差分析，如图 3－1 所示。这 11 个电位分别是：额中央联合区（FZ、FCZ、CZ）、额区（F3、F4、F7、F8）和颞区（C3、C4、T7、T8），这 11 个电位作为分析的代表点。

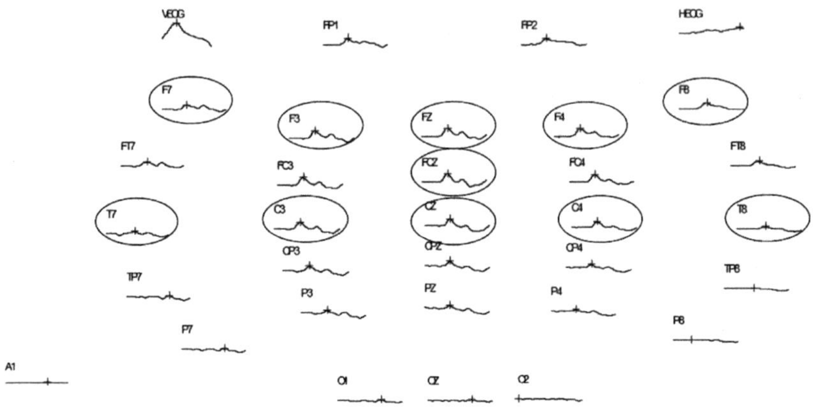

图 3－1　MMN 成分全脑波形图及取点分布

二　被试

笔者在浙江大学论坛 CC98（http：//www. cc98. org）上招募 24 名健康的大学生，平均年龄为 24. 5 岁（M = 24. 58，SD = 3. 13），随机将他们分成电脑组和手机组（每组 12 名）。所有被试裸眼或矫正视力均达到 5. 0 以上，色觉正常，听力正常，无其他精神病史。每位被试在实验开始前已阅读《ERP 实验被试知情书（协议书）》，在实验结束后可获得报酬。

三　刺激材料

新闻材料：人民日报微信公众号推送的新闻，同时也将这条微信链接转到电脑上呈现。

默片：卓别林的无声黑白电影 *Happy Afternoon*，时长：11 分钟。

听觉刺激材料：标准刺激为有规律的“滴滴”声，是频率为 1000Hz、强度为 80 分贝的短纯音；偏差刺激选择明显与标准刺激的“滴滴”声不同的新异刺激，是频率为 1300Hz、强度为 70 分贝的短纯音。声音刺激材料由 Adobe Audition CS5. 5 软件制作，再用格式工厂软件进行剪辑。

四　实验程序

实验的声音刺激采用由卡耐基—梅隆大学和匹兹堡大学 Pittsburgh 学习研究与发展中心、美国 PTS 联合开发的用于计算机化行为研究的实验生成系统 E-Prime 软件伪随机呈现。本实验采用经典 oddball 范式，由

18.6%的偏差刺激声和81.4%的标准刺激声诱发MMN。实验中，每种声音呈现时间为100ms，刺激间隔（Inter Stimulus Interval，ISI）为400ms。所有刺激共呈现1000次，其中，标准刺激呈现814次，偏差刺激呈现186次。伪随机排列，相邻的偏差刺激之间至少有两个以上的标准刺激，刺激序列开始的15个刺激均为标准刺激。实验刺激呈现序列如图3－2所示。

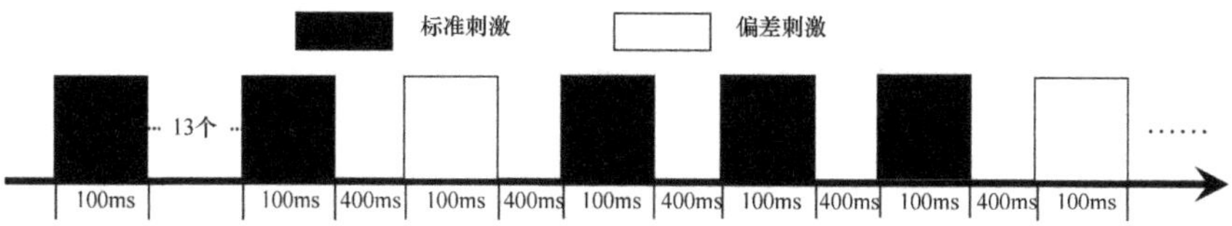

图3－2　实验刺激呈现示意图

实验分为两个阶段，练习阶段和实验阶段。

练习阶段：所有入选的被试需在正式实验前一天来实验室进行ERP实验任务练习，以消除练习效应。本实验的练习任务为：双耳听“滴滴”声的同时观看默片。此外，提前熟悉实验室环境能够消除或尽量减少被试的新奇感，对实验室的新奇感可能会对被试在正式反应时的认知加工过程产生影响。

实验阶段：被试戴着耳机坐在电脑显示器正前方，要求被试注意新闻，同时给被试戴耳机给予双侧耳声音刺激，并要求被试忽视声音刺激。电脑组和手机组分别通过电脑和手机阅读内容完全一致的新闻报道，无须按键反应，为了保证被试集中注意力阅读新闻，结束后需要进行与任务内容相关的记忆测验。手机或电脑与被试的距离均为30厘米左右，基本符合大多数人的媒介使用习惯。整个实验过程约33分钟。

指导语：欢迎来参加我们的实验！在实验过程中您将看到一篇阅读文章，请您按照平时看电影或阅读习惯进行阅读，对耳机中出现的声音不要理会。在阅读文章时请忽视实验室的环境，尽量放松，尽可能保持身体、四肢和头部不动或少动。整个实验大约需要33分钟的时间，请认真阅读文字，实验结束后将针对实验内容中的细节进行记忆测验。感谢您的配合。

五　实验设备

实验由两台联想双核计算机控制。脑电信号采集使用Neuroscan 4.5

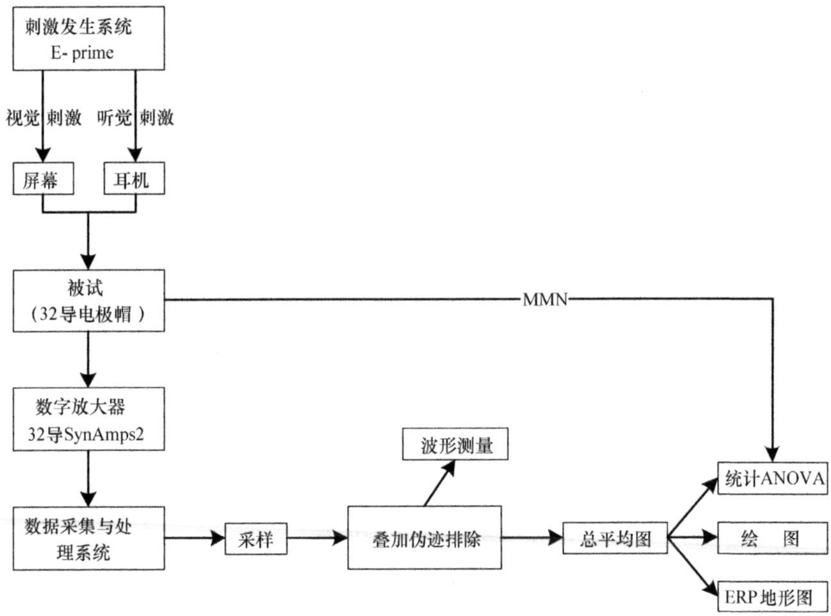

图 3-3 ERP 实验流程

软硬件系统，脑电信号放大器型号是 SynAmps2。采用国际标准 10—20 系统电极放置法安装电极，佩戴 Quik-Cap32 导电极帽，记录电极为 Ag/Agcl。脑电实验程序用 E-prime2.0 编写并呈现刺激材料。

为了屏蔽品牌对被试的影响，呈现新闻的电脑和手机均为苹果公司（Apple Inc.）的产品，电脑是屏幕大小为 13.3 英寸、屏幕分辨率为 1440×900 的 MacBook Air，手机是屏幕大小为 4 英寸、屏幕分辨率为 1136×640 的 iPhone 5s。

六 脑电数据记录

被试在整个实验过程中都需要静坐在隔音、隔磁的 ERP 实验室内独立完成，以减少数据记录的系统误差和偶然误差。

实验过程中全程记录脑电数据。采用 Neuroscan 4.5 软件，A/D 采样率为 1000Hz/导。以鼻尖为参考电极（reference），前额接地（ground），监测双侧的水平眼电 HEOG 和单侧的垂直眼电 VEOG。滤波带通为 0.05—100Hz，频率为 500Hz。实验前，需要借助导电膏保证电极与头皮的充分接触，正式实验开始时，确保各电极电阻均降到 5kΩ 以下。实验过程中需要时时关注确保电极与头皮接触良好，且电阻保证在 5kΩ 以内。[①] 对于鼻尖、双乳突、眼睛的上下左右、前额部位要以磨砂膏轻擦以保证电阻降到最低点，电阻观察通过软件自带"Impedance"选项得到具体数值。

七　脑电数据处理

为了得到可靠的 ERP 波形，需要对由实验室 Scan4.5 记录的原始脑电数据进行离线分析（off-line）。[②] 具体脑电数据处理步骤如下：

① DC offset correction：对数据进行 DC 校正，去除直流漂移；

② 浏览脑电波形。对脑电数据进行预览，剔除（reject）明显漂移的脑电数据（如图 3－4 所示）；

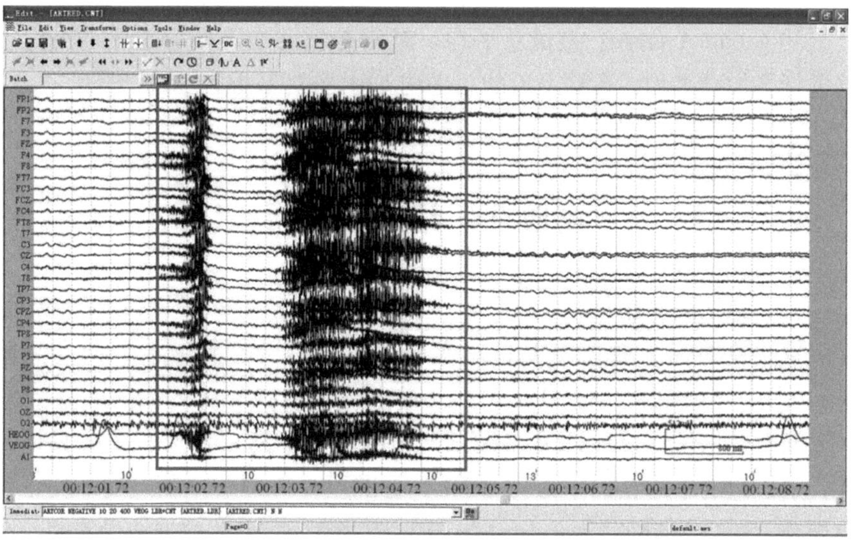

图 3－4　明显漂移的 EEG 数据

③ Ocular artifact reduction：去眼电伪迹。以 VEOG 为参考电极对 EEG 眼电的伪迹进行校正，去除眼动、眨眼等对脑电信号的干扰；

④ Epoch file：截取分析段。以刺激呈现点为零点对脑电数据进行分

① Bin, G. Y., Gao, X. R., Yan, Z., Hong, B. & Gao, S. K., "An Online Multi-channel SSVEP-based Brain-Computer Interface Using a Canonical Correlation Analysis Method", *Journal of Neural Engineering*, Vol. 6, No. 4, 2009, pp. 1771－1779.

② 赵仑：《ERPs 实验教程》，东南大学出版社 2010 年版，第 22—87 页。

段，选取刺激呈现前 50ms 至呈现后 400ms（-50—400ms）作为数据分析时段；

⑤ Baseline correct：基线校正。本实验用刺激呈现前 50ms 的平均电压进行基线校正，将刺激呈现后的电位与基线相减得到新的电位值。基线校正的目的在于消除脑电对基线的偏离；

⑥ Artifact rejection：去除由被试汗迹、抖动等造成的脑电伪迹。阈值设定为 -100—100μV，即波幅超过 ±100μV 被视为伪迹，在叠加中被自动剔除，不计入叠加平均；

⑦ Filter：滤波。采用 20Hz 的低通滤波（24dB/oct）；

⑧ Average：叠加平均。根据研究分析需要，按照不同刺激类型（在本实验中被标记为 10 和 13）对脑电数据进行叠加平均；

⑨ Group Average：被试总平均。对所有被试的不同分类下的脑电数据进行叠加总平均，得到最后的总平均 ERP 分类数据；

⑩ 波形识别、作图并统计分析。

第四节　结果及分析

一　记忆测验结果

本实验的行为数据主要是对实验阅读内容的记忆测验，问卷见附录一。

问卷数据统计显示，24 名被试答题的正确率都在 85% 以上。具体来说，手机组的平均正确率为 91.67%，标准差为 0.11；电脑组的平均正确率为 86.90%，标准差为 0.14（如图 3-5 所示）。上述数据结果表明，电脑组和手机组对实验中所阅读内容的记忆度存在差异。手机组相比电脑组正确率更高，且手机组的标准差小于电脑组，可以理解为使用手机进行新闻阅读时获得的注意更多。这两个数据进一步说明了使用不同的媒介进行新闻阅读时，通过手机阅读的记忆度高于电脑。

二　脑电数据结果

根据前文关于脑电数据处理的方法，本书对脑电数据的分析时长为 450ms，即从声音刺激发出的前 50ms 到声音刺激呈现后 400ms 为分析时程。在 1000 次的刺激中，经过去伪迹、叠加平均后，各组别有效叠加次

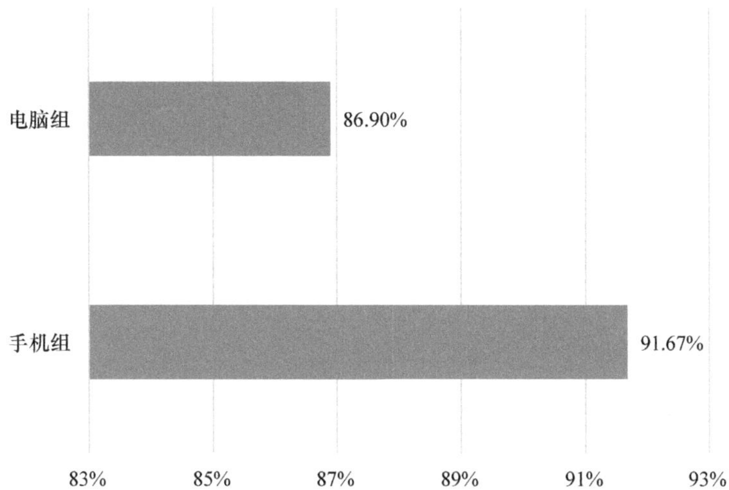

图 3－5　手机组和电脑组记忆测验正确率示意图

数均达到了 800 次以上。用偏差刺激的 ERP 减去标准刺激的 ERP 得到差异相关成分 MMN。参照 Näätänen① 和 Novitski② 等学者的方法，测量各个电极的平均波幅和潜伏期。在实验真实测得的脑电数据中，MMN 峰值出现在 100—250ms 时间范围内，MMN 峰值为此时间窗内的最大负波的峰值幅度，MMN 的潜伏期为此时间窗内最大负波峰值对应的时间点。

（一）ERP 脑地形图分析

图 3－6 显示了手机组和电脑组新闻阅读时的 ERP 脑地形图。从图中可以看到，被试分别通过电脑和手机进行新闻阅读的 MMN 存在明显的差异，额中央区和颞区明显地激活，出现了明显的 N1 成分，尤其以额部中央区最为显著，部分出现了 N2 和 P2 成分。对于基线校正后仍然存在的漂移，本书中将其理解为因为被试长时间一个人在房间中阅读，其在看新闻时合作程度可能会随时间的增加而降低，如忍不住头部移动，或注意力

① Näätänen, R., Syssoeva, O. & Takegata, R., "Automatic Time Perception in the Human Brain for Intervals Ranging from Milliseconds to Seconds", *Psychophysiology*, Vol. 41, No. 4, 2004, pp. 660－663.

② Novitski, N., Tervaniemi, M., Huotilainen, M. & Näätänen, R., "Frequency Discrimination at Different Frequency Levels as Indexed by Electrophysiological and Behavioral Measures", *Brain Cognitive Brain Research*, Vol. 20, No. 1, 2004, pp. 26－36.

短时的不集中等。大量研究发现，听觉 MMN 在乳突附近有一个发生源，所记录到的电压幅值会发生极性翻转。从图 3 －6 可以看出，乳突附近的电极 TP7、TP8 都出现了可见的极性翻转现象，证明了本实验诱发出的传统 MMN 是可信的。

从文献回顾中我们知道，MMN 主要出现的部位位于大脑的额中央区。从图 3 －6 中也可以看出，额中央区 MMN 波幅最为明显，此外在颞区也有较为明显的 MMN 出现。因此，在本书中，我们选择额中央联合区（FZ、FCZ、CZ）、额区（F3、F4、F7、F8）和颞区（C3、C4、T7、T8）的电极进行分析。

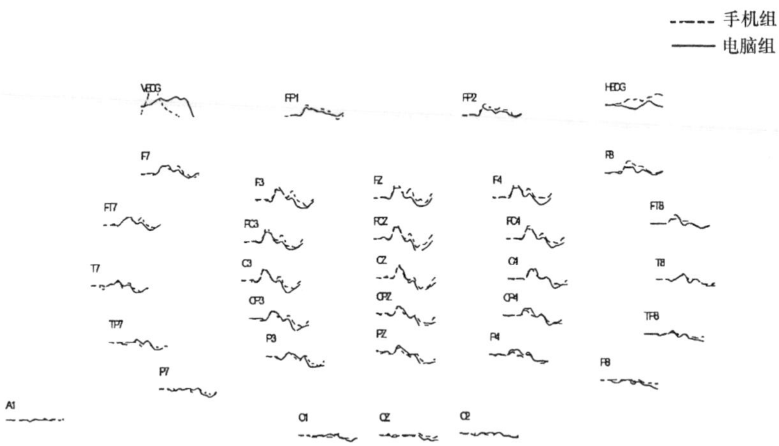

图 3 －6　手机组和电脑组新闻阅读的 MMN 成分全脑比较

（二）分电位的脑电成分分析

MMN 波幅：从图 3 －7 至图 3 －19 的整体来看，手机组和电脑组被试在观看默片时都有 MMN 成分出现，且基本上手机组的 MMN 振幅值大于电脑组 MMN 的振幅值，一定程度上可以理解为手机更能吸引被试更多的注意力资源，更加能引起被试的注意力集中。

根据脑地形图结果和前人经验，本书对 FZ、FCZ、CZ、F3、F4、F7、F8、C3、C4、T7、T8、FC3、FC4 共 13 个电位的 ERP 结果利用 SPSS 22.0 进行数据统计处理，以媒介类型（手机、电脑）为被试间因素对 13 个电位的 MMN 振幅进行单因素方差分析。

通过前文对失匹配负波 MMN 的介绍我们知道，MMN 是偏差刺激的

ERP 与标准刺激 ERP 的差值，有研究已经表明被试者的 MMN 幅值代表了大脑对信息自动加工的能力，MMN 是一个负波，因此，MMN 的值越小，说明被试者对信息的自动加工能力越强。

1. 前额叶位置 F3

图 3－7 显示了电脑组和手机组被试在进行新闻阅读时 MMN 脑电成分在 F3 位置的波形。首先从整体波幅就可看出，两组被试在进行新闻阅读时有明显的 MMN 成分出现。

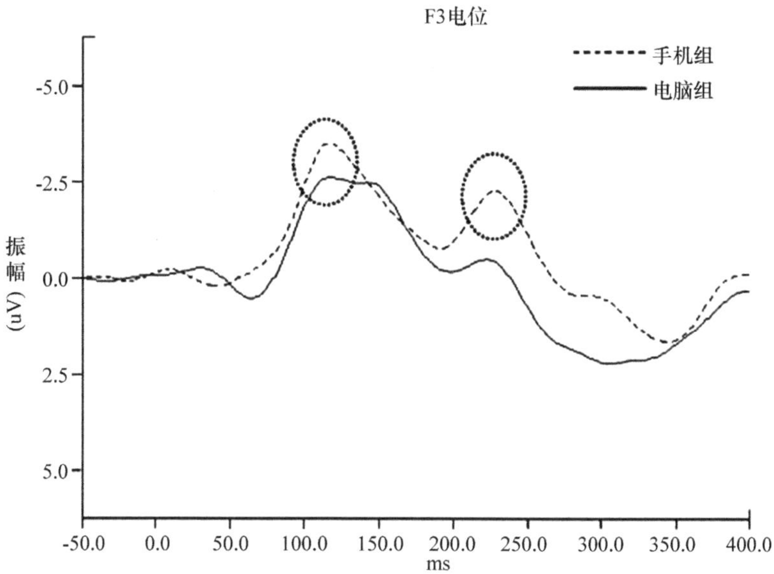

图 3－7　F3 电位的 ERP 成分示意图

进一步对媒介类型（手机、电脑）进行 ANOVA 统计分析。运行 SPSS，得到分析结果如下：

结果一：正态性检验

本书中，样本数 N 为 12，因此在进行正态性检验时满足 Shapiro-Wilk 检验对样本量 $3 < n \leqslant 50$ 的要求，因此选择 Shapiro-Wilk 统计量为正态性检验的指标。

零假设 H_0：假设在媒介类型的两种类别（手机、电脑）下，所诱发的 MMN 幅值的均值没有显著差异，控制变量不同水平下的效应同时为 0，记为 H_0：$a_1 = a_2 = 0$，意味着使用媒介类型的不同没有对被试在阅读新闻时的大脑信息加工能力（MMN 幅值）产生显著影响。

记不同媒介类型的 MMN 幅值的方差分别为 δ_n^2（$n=2$）。

原假设 H_0：$\delta_1^2=\delta_2^2$

备择假设 H_1：$\delta_1^2\neq\delta_2^2$

表 3－1 是 F3 电位中不同媒介类型的 MMN 幅值的正态性检验结果，Shapiro-Wilk 的 P 值 0.481、0.401 都大于 0.05，因而我们不能拒绝原假设，也就是说没有证据表明各组的数据不服从正态分布。即 $P>0.05$，数据服从正态分布。

表 3－1 F3 电位不同媒介类型的 MMN 幅值的正态性检验

	媒介类型	Shapiro-Wilk①		
		统计量	df②	显著性 Sig.
F3 新闻	手机	0.912	14	0.481
	电脑	0.898	14	0.401

结果二：方差齐性检验

根据表 3－2 中的方差齐性检验结果，两种媒介类型下 F3 电位 MMN 幅值的 Levene 统计量的值为 0.383，相应的显著性概率 P 为 0.553。给定显著水平 α 为 0.05，由于概率 P 值大于显著水平，因此没有理由拒绝原假设，认为媒介类型的两种水平下被试的 MMN 幅值的方差没有显著差异，即方差具有齐性。

表 3－2 F3 电位媒介类型 MMN 幅值方差齐性检验

Levene 统计量	df1	df2	显著性
0.383	1	26	0.553

通过以上两步正态分布检验和方差齐性检验，实验所得样本满足方差分析的前提要求。以下采用单因素方差分析具体考察媒介类型的变化对

① Shapiro-Wilk：夏皮罗－威尔克检验法，简称 W 检验，是一种基于相关性的检验正态性的方法。计算可得到一个相关系数，它越接近 1 就越表明数据和正态分布拟合得越好。

② df：自由度，degree of freedom 的缩写。统计学上，自由度是指当以样本的统计量来估计总体的参数时，样本中独立或能自由变化的数据的个数，称为该统计量的自由度。

MMN 幅值是否有影响。

结果三：单因素方差分析

从表 3－3 单因素方差检验的结果可以看出：媒介类型变化的主效应非常显著，$F(1, 26) = 15.036$，其显著性概率（Sig.）为 0.003，在给定显著水平 α 为 0.05 时，Sig. = 0.003 < 0.05，故拒绝原假设，即认为被试者在不同的媒介上进行新闻阅读时诱发的 MMN 有显著差异。具体表现为使用手机阅读新闻时在 117ms 诱发的 MMN（－3.5μV）明显高于使用电脑阅读新闻时在 118ms 诱发的 MMN（－2.6μV）。

表 3－3　**F3 电位媒介类型 MMN 幅值方差检验结果**

平均值平方	df	*F* 值	显著性
28.514	1	15.036	0.003

2. 前额叶位置 FZ

图 3－8 显示了电脑组和手机组被试在观看默片和进行新闻阅读时 MMN 脑电成分在 FZ 位置的波形。首先从整体波幅就可看出，两组被试在进行新闻阅读时有明显的 MMN 成分出现。

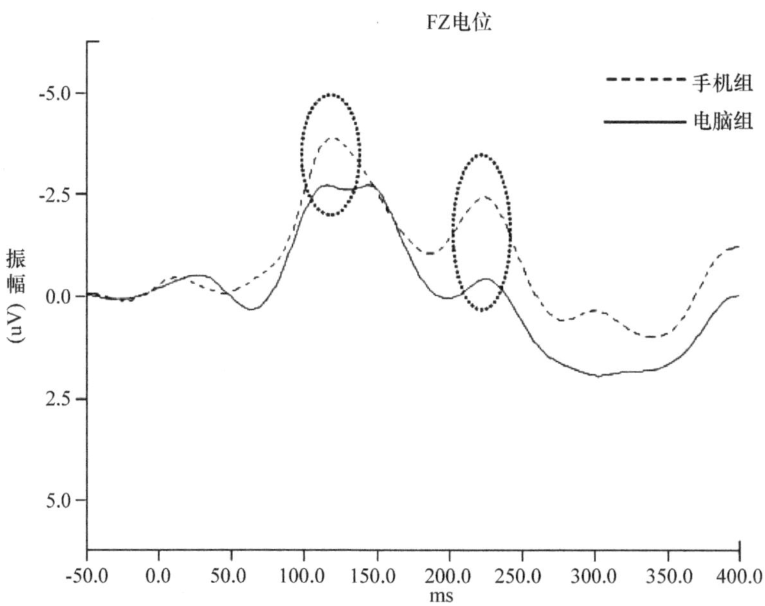

图 3－8　FZ 电位的 ERP 成分示意

进一步对媒介类型（手机、电脑）进行 ANOVA 统计分析。运行 SPSS，得到分析结果如下：

结果一：正态性检验

零假设 H_0：假设在媒介类型的两种类别（手机、电脑）下，所诱发的 MMN 幅值的均值没有显著差异，控制变量不同水平下的效应同时为 0，记为 H_0：$a_1=a_2=0$，意味着使用媒介类型的不同没有对被试在阅读新闻时的大脑信息加工能力（MMN 幅值）产生显著影响。

记不同媒介类型的 MMN 幅值的方差分别为 δ_n^2（$n=2$）。

原假设 H_0：$\delta_1^2=\delta_2^2$

备择假设 H_1：$\delta_1^2\neq\delta_2^2$

表 3-4 是 FZ 电位下不同媒介类型的 MMN 幅值的正态性检验结果，Shapiro-Wilk 的 P 值 0.102、0.933 都大于 0.05，因而我们不能拒绝原假设，也就是说没有证据表明各组的数据不服从正态分布。即 $P>0.05$，数据服从正态分布。

表 3-4　　FZ 电位不同媒介类型的 MMN 幅值的正态性检验

	媒介类型	Shapiro-Wilk		
		统计量	df	显著性 Sig.
FZ 新闻	手机	0.813	14	0.102
	电脑	0.980	14	0.933

结果二：方差齐性检验

根据表 3-5 中的方差齐性检验结果，两种媒介类型下 MMN 幅值的 Levene 统计量的值为 0.888，相应的显著性概率 P 为 0.371。给定显著水平 α 为 0.05，由于概率 P 值大于显著水平，因此没有理由拒绝原假设，认为媒介类型的两种水平下被试的 MMN 幅值的方差没有显著差异，即方差具有齐性。

表 3-5　　FZ 电位媒介类型 MMN 幅值方差齐性检验

Levene 统计量	df1	df2	显著性
0.888	1	26	0.371

通过以上两步正态分布检验和方差齐性检验，实验所得样本满足方差分析的前提要求。以下采用单因素方差分析具体考察媒介类型的变化对MMN幅值是否有影响。

结果三：单因素方差分析

从表3－6单因素方差检验的结果可以看出：媒介类型变化的主效应非常显著，$F(1, 26) = 19.388$，其显著性概率（Sig.）为0.002，在给定显著水平α为0.05时，Sig. $= 0.002 < 0.05$，故拒绝原假设，即认为被试者在不同的媒介上进行新闻阅读时诱发的MMN有显著差异。具体表现为使用手机阅读新闻时在119ms诱发的MMN（$-3.9\mu V$）明显高于使用电脑阅读新闻时在144ms诱发的MMN（$-2.7\mu V$）。

表3－6　**FZ电位媒介类型MMN幅值方差检验结果**

平均值平方	df	*F*值	显著性
31.761	1	19.388	0.002

3. 前额叶位置F4

图3－9显示了电脑组和手机组被试在观看默片和进行新闻阅读时MMN脑电成分在F4位置的波形。首先从整体波幅就可看出，两组被试在进行新闻阅读时有明显的MMN成分出现。

进一步对媒介类型（手机、电脑）进行ANOVA统计分析。运行SPSS，得到分析结果如下：

结果一：正态性检验

零假设H_0：假设在媒介类型的两种类别（手机、电脑）下，所诱发的MMN幅值的均值没有显著差异，控制变量不同水平下的效应同时为0，记为H_0：$a_1 = a_2 = 0$，意味着使用媒介类型的不同没有对被试在阅读新闻时的大脑信息加工能力（MMN幅值）产生显著影响。

记不同媒介类型的MMN幅值的方差分别为δ_n^2（$n=2$）。

原假设H_0：$\delta_1^2 = \delta_2^2$

备择假设H_1：$\delta_1^2 \neq \delta_2^2$

表3－7是F4电位下不同媒介类型的MMN幅值的正态性检验结果，Shapiro-Wilk的P值0.810、0.384都大于0.05，因而我们不能拒绝原假设，也就是说没有证据表明各组的数据不服从正态分布。即$P > 0.05$，数

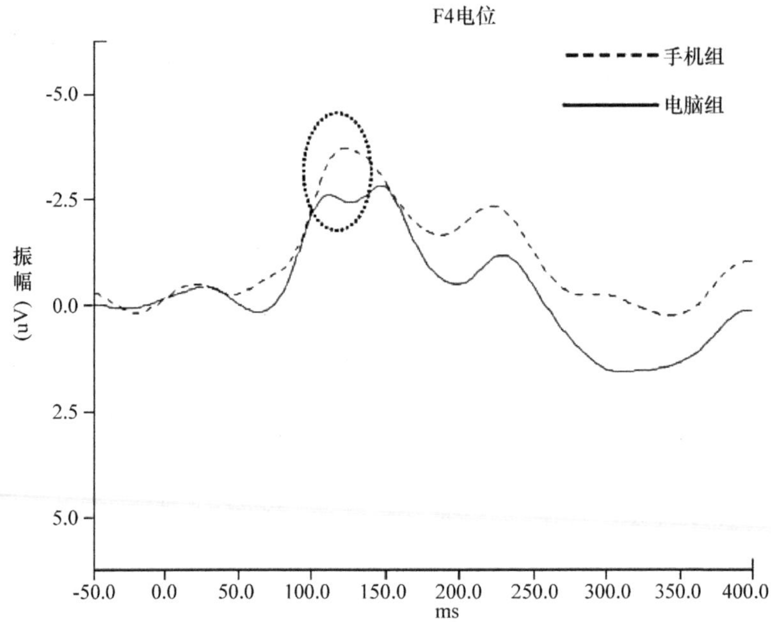

图 3－9 F4 电位的 ERP 成分示意图

据服从正态分布。

表 3－7 **F4 电位不同媒介类型的 MMN 幅值的正态性检验**

	媒介类型	Shapiro-Wilk		
		统计量	df	显著性 Sig.
F4 新闻	手机	0.959	14	0.810
	电脑	0.895	14	0.384

结果二：方差齐性检验

根据表 3－8 中的方差齐性检验结果，两种媒介类型下 MMN 幅值的 Levene 统计量的值为 5.121，相应的显著性概率 P 为 0.050。给定显著水平 α 为 0.05，由于概率 P 值等于显著水平，因此没有理由拒绝原假设，认为媒介类型的两种水平下被试的 MMN 幅值的方差没有显著差异，即方差具有齐性。

表 3－8　**F4 电位媒介类型 MMN 幅值方差齐性检验表**

Levene 统计量	df1	df2	显著性
5.121	1	26	0.050

通过以上两步正态分布检验和方差齐性检验，实验所得样本满足方差分析的前提要求。以下采用单因素方差分析具体考察媒介类型的变化对 MMN 幅值是否有影响。

结果三：单因素方差分析

从表 3－9 单因素方差检验的结果可以看出：媒介类型变化的主效应非常显著，F（1，26）＝29.869，其显著性概率（Sig.）为 0.000，在给定显著水平 α 为 0.05 时，Sig.＝0.000＜0.05，故拒绝原假设，即认为被试者在不同的媒介上进行新闻阅读时诱发的 MMN 有显著差异。具体表现为使用手机阅读新闻时在 123ms 诱发的 MMN（－3.7μV）明显地高于使用电脑阅读新闻时在 146ms 诱发的 MMN（－2.8μV）。

表 3－9　**F4 电位媒介类型 MMN 幅值方差检验结果**

平均值平方	df	F 值	显著性
28.560	1	29.869	0.000

4. 中央区 C3 电位

图 3－10 显示了电脑组和手机组被试在观看默片和进行新闻阅读时 MMN 脑电成分在 C3 位置的波形。首先从整体波幅就可看出，两组被试在进行新闻阅读时有明显的 MMN 成分出现。

进一步对媒介类型（手机、电脑）进行 ANOVA 统计分析。运行 SPSS，得到分析结果如下：

结果一：正态性检验

零假设 H_0：假设在媒介类型的两种类别（手机、电脑）下，所诱发的 MMN 幅值的均值没有显著差异，控制变量不同水平下的效应同时为 0，记为 H_0：$a_1=a_2=0$，意味着使用媒介类型的不同没有对被试在阅读新闻时的大脑信息加工能力（MMN 幅值）产生显著影响。

记不同媒介类型的 MMN 幅值的方差分别为 δ_n^2（$n=2$）。

原假设 H_0：$\delta_1^2=\delta_2^2$

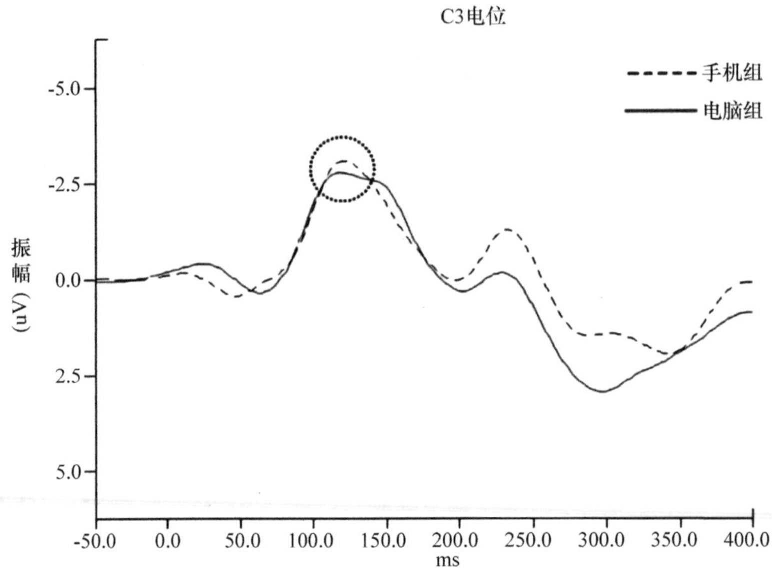

图 3－10　C3 电位的 ERP 成分示意图

备择假设 H_1：$\delta_1^2 \neq \delta_2^2$

表 3－10 是 C3 电位下不同媒介类型的 MMN 幅值的正态性检验结果，Shapiro-Wilk 的 P 值 0.409、0.120 都大于 0.05，因而我们不能拒绝原假设，也就是说没有证据表明各组的数据不服从正态分布。即 $P>0.05$，数据服从正态分布。

表 3－10　　**C3 电位不同媒介类型的 MMN 幅值的正态性检验**

	媒介类型	Shapiro-Wilk		
		统计量	df	显著性 Sig.
C3 新闻	手机	0.906	14	0.409
	电脑	0.822	14	0.120

结果二：方差齐性检验

根据表 3－11 中的方差齐性检验结果，两种媒介类型下 MMN 幅值的 Levene 统计量的值为 0.100，相应的显著性概率 P 为 0.759。给定显著水平 α 为 0.05，由于概率 P 值大于显著水平，因此没有理由拒绝原假设，认为媒介类型的两种水平下被试的 MMN 幅值的方差没有显著差异，即方差具有齐性。

表 3 – 11　**C3 电位媒介类型 MMN 幅值方差齐性检验**

Levene 统计量	df1	df2	显著性
0. 100	1	26	0. 759

通过以上两步正态分布检验和方差齐性检验，实验所得样本满足方差分析的前提要求。以下采用单因素方差分析具体考察媒介类型的变化对 MMN 幅值是否有影响。

结果三：单因素方差分析

从表 3 – 12 单因素方差检验的结果可以看出：媒介类型变化的主效应不显著，F（1，26）=0. 025，其显著性概率（Sig.）为 0. 879，在给定显著水平 α 为 0. 05 时，Sig. =0. 879 >0. 05，故接受原假设，即认为被试者在不同的媒介上进行新闻阅读时诱发的 MMN 没有显著差异。具体看 MMN 幅值，使用手机阅读新闻的 MMN 出现在 120ms，其幅值为 –3. 1μV，而使用电脑阅读新闻的 MMN 出现在 118ms，其幅值为 –2. 8μV，由此可见，在 C3 电位，手机和电脑诱发的 MMN 幅值几乎一样，和统计检验的结果一致。

表 3 – 12　**C3 电位媒介类型 MMN 幅值方差检验结果**

平均值平方	df	F 值	显著性
0. 056	1	0. 025	0. 879

5. 中央区 CZ 电位

图 3 – 11 显示了电脑组和手机组被试在观看默片和进行新闻阅读时 MMN 脑电成分在 CZ 位置的波形。首先从整体波幅就可看出，两组被试在进行新闻阅读时有明显的 MMN 成分出现。

进一步对媒介类型（手机、电脑）进行 ANOVA 统计分析。运行 SPSS，得到分析结果如下：

结果一：正态性检验

零假设 H_0：假设在媒介类型的两种类别（手机、电脑）下，所诱发

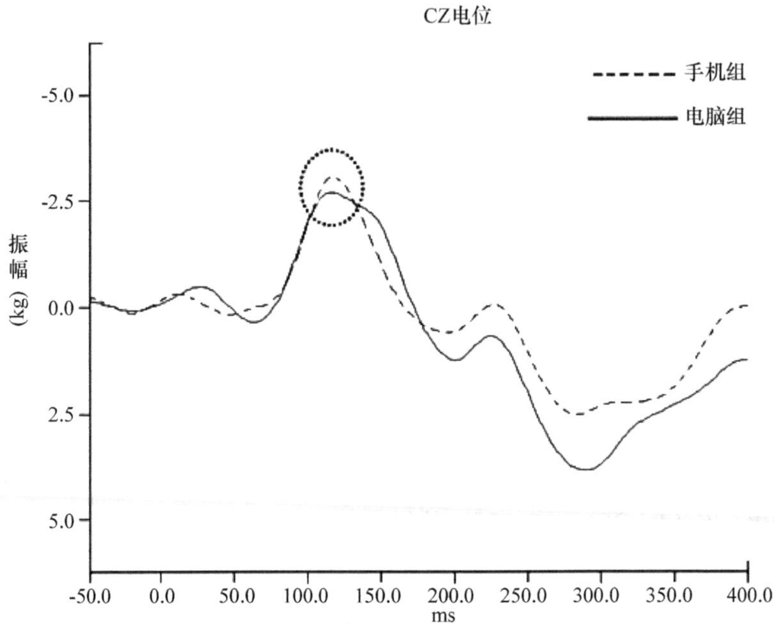

图 3－11　CZ 电位的 ERP 成分示意图

的 MMN 幅值的均值没有显著差异，控制变量不同水平下的效应同时为 0，记为 H_0：$a_1 = a_2 = 0$，意味着使用媒介类型的不同没有对被试在阅读新闻时的大脑信息加工能力（MMN 幅值）产生显著影响。

记不同媒介类型的 MMN 幅值的方差分别为 δ_n^2（$n = 2$）。

原假设 H_0：$\delta_1^2 = \delta_2^2$

备择假设 H_1：$\delta_1^2 \neq \delta_2^2$

表 3－13 是 CZ 电位下不同媒介类型的 MMN 幅值的正态性检验结果，Shapiro-Wilk 的 P 值 0.880、0.543 都大于 0.05，因而我们不能拒绝原假设，也就是说没有证据表明各组的数据不服从正态分布。即 $P > 0.05$，数据服从正态分布。

结果二：方差齐性检验

根据表 3－14 中的方差齐性检验结果，两种媒介类型下 MMN 幅值的 Levene 统计量的值为 1.717，相应的显著性概率 P 为 0.223。给定显著水平 α 为 0.05，由于概率 P 值大于显著水平，因此没有理由拒绝原假设，认为媒介类型的两种水平下被试的 MMN 幅值的方差没有显著差异，即方

差具有齐性。

表 3 - 13　　CZ 电位不同媒介类型的 MMN 幅值的正态性检验

	媒介类型	Shapiro-Wilk		
		统计量	df	显著性 Sig.
CZ 新闻	手机	0.968	14	0.880
	电脑	0.922	14	0.543

表 3 - 14　　CZ 电位媒介类型 MMN 幅值方差齐性检验

Levene 统计量	df1	df2	显著性
1.717	1	26	0.223

通过以上两步正态分布检验和方差齐性检验，实验所得样本满足方差分析的前提要求。以下采用单因素方差分析具体考察媒介类型的变化对 MMN 幅值是否有影响。

结果三：单因素方差分析

从表 3 - 15 单因素方差检验的结果可以看出：媒介类型变化的主效应不显著，F（1，26）=0.162，其显著性概率（Sig.）为 0.696，在给定显著水平 α 为 0.05 时，Sig. =0.696 >0.05，故接受原假设，即认为被试者在不同的媒介上进行新闻阅读时诱发的 MMN 没有显著差异。但从两种媒介类型下 MMN 的具体数值以及图 3 - 11 可以看出，使用手机阅读新闻的 MMN 出现在 117ms，其幅值为 -3.1μV，而使用电脑阅读新闻的 MMN 出现在 116ms，其幅值为 -2.7μV，由此可见，手机 MMN 幅值的绝对值大于电脑 MMN 幅值的绝对值，这一点从脑地形图的差异上也可看出，只是不具备统计学意义上的差异而已。

表 3 - 15　　CZ 电位媒介类型 MMN 幅值方差检验结果

平均值平方	df	F 值	显著性
0.442	1	0.162	0.696

6. 中央区 C4 电位

图 3 - 12 显示了电脑组和手机组被试在观看默片和进行新闻阅读时

MMN 脑电成分在 C4 位置的波形。首先从整体波幅就可看出，两组被试在进行新闻阅读时有明显的 MMN 成分出现。

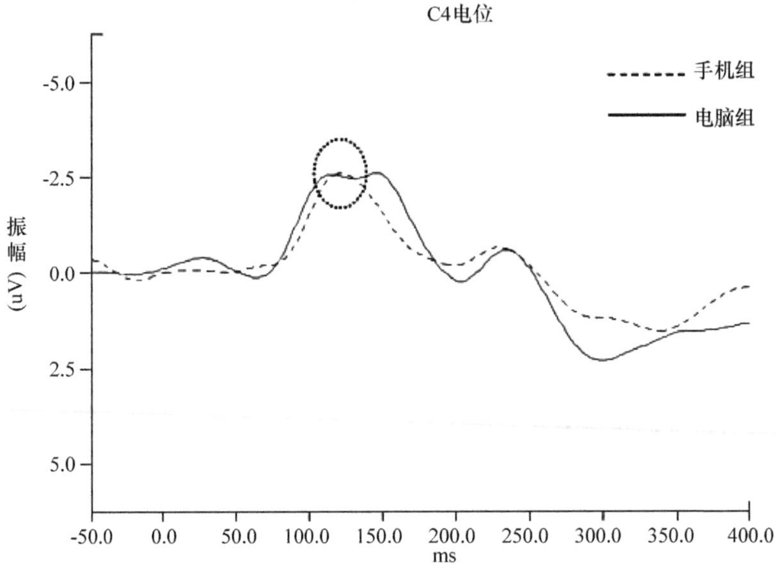

图 3－12　C4 电位的 ERP 成分示意图

进一步对媒介类型（手机、电脑）进行 ANOVA 统计分析。运行 SPSS，得到分析结果如下：

结果一：正态性检验

零假设 H_0：假设在媒介类型的两种类别（手机、电脑）下，所诱发的 MMN 幅值的均值没有显著差异，控制变量不同水平下的效应同时为 0，记为 H_0：$a_1 = a_2 = 0$，意味着使用媒介类型的不同没有对被试在阅读新闻时的大脑信息加工能力（MMN 幅值）产生显著影响。

记不同媒介类型的 MMN 幅值的方差分别为 δ_n^2（$n = 2$）。

原假设 H_0：$\delta_1^2 = \delta_2^2$

备择假设 H_1：$\delta_1^2 \neq \delta_2^2$

表 3－16 是 C4 电位下不同媒介类型的 MMN 幅值的正态性检验结果，Shapiro-Wilk 的 P 值 0.781、0.180 都大于 0.05，因而我们不能拒绝原假设，也就是说没有证据表明各组的数据不服从正态分布。即 $P > 0.05$，数据服从正态分布。

表 3 - 16　　C4 电位不同媒介类型的 MMN 幅值的正态性检验

	媒介类型	Shapiro-Wilk		
		统计量	df	显著性 Sig.
C4 新闻	手机	0.955	14	0.781
	电脑	0.845	14	0.180

结果二：方差齐性检验

根据表 3 - 17 中的方差齐性检验结果，两种媒介类型下 MMN 幅值的 Levene 统计量的值为 0.656，相应的显著性概率 P 为 0.439。给定显著水平 α 为 0.05，由于概率 P 值大于显著水平，因此没有理由拒绝原假设，认为媒介类型的两种水平下被试的 MMN 幅值的方差没有显著差异，即方差具有齐性。

表 3 - 17　　C4 电位媒介类型 MMN 幅值方差齐性检验

Levene 统计量	df1	df2	显著性
0.656	1	26	0.439

通过以上两步正态分布检验和方差齐性检验，实验所得样本满足方差分析的前提要求。以下采用单因素方差分析具体考察媒介类型的变化对 MMN 幅值是否有影响。

结果三：单因素方差分析

从表 3 - 18 单因素方差检验的结果可以看出：媒介类型变化的主效应不显著，F（1，26）＝0.353，其显著性概率（Sig.）为 0.567，在给定显著水平 α 为 0.05 时，Sig. ＝0.567＞0.05，故接受原假设，即认为被试者在不同的媒介上进行新闻阅读时诱发的 MMN 没有显著差异。具体地看 MMN 幅值，使用手机阅读新闻的 MMN 出现在 121ms，其幅值为 -2.6μV，而使用电脑阅读新闻的 MMN 出现在 146ms，其幅值为 -2.6μV，由此可见，在 C4 电位，手机和电脑诱发的 MMN 幅值几乎一样，和统计检验的结果一致。

表 3 - 18　　C4 电位媒介类型 MMN 幅值方差检验结果

平均值平方	df	F 值	显著性
0.950	1	0.353	0.567

7. 颞区 F7 电位

图 3－13 显示了电脑组和手机组被试在观看默片和进行新闻阅读时 MMN 脑电成分在 F7 位置的波形。首先从整体波幅就可看出，两组被试在进行新闻阅读时有明显的 MMN 成分出现。

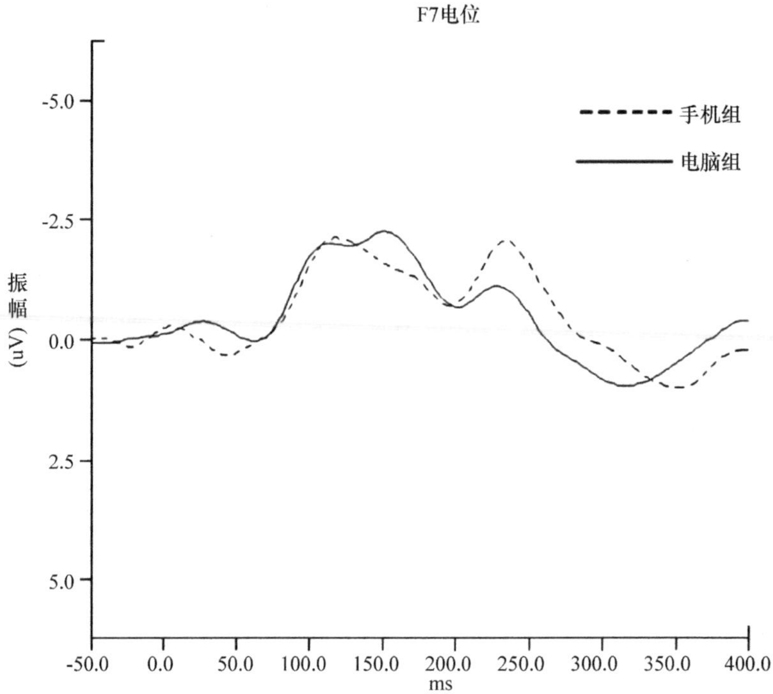

图 3－13　F7 电位的 ERP 成分示意图

进一步对媒介类型（手机、电脑）进行 ANOVA 统计分析。运行 SPSS，得到分析结果如下：

结果一：正态性检验

零假设 H_0：假设在媒介类型的两种类别（手机、电脑）下，所诱发的 MMN 幅值的均值没有显著差异，控制变量不同水平下的效应同时为 0，记为 H_0：$a_1 = a_2 = 0$，意味着使用媒介类型的不同没有对被试在阅读新闻时的大脑信息加工能力（MMN 幅值）产生显著影响。

记不同媒介类型的 MMN 幅值的方差分别为 δ_n^2（$n = 2$）。

原假设 H_0：$\delta_1^2 = \delta_2^2$

备择假设 H_1：$\delta_1^2 \neq \delta_2^2$

表 3－19 是 F7 电位下不同媒介类型的 MMN 幅值的正态性检验结果，Shapiro-Wilk 的 P 值 0.543、0.198 都大于 0.05，因而我们不能拒绝原假设，也就是说没有证据表明各组的数据不服从正态分布。即 $P>0.05$，数据服从正态分布。

表 3－19　**F7 电位不同媒介类型的 MMN 幅值的正态性检验**

	媒介类型	Shapiro-Wilk		
		统计量	df	显著性 Sig.
F7 新闻	手机	0.925	14	0.543
	电脑	0.851	14	0.198

结果二：方差齐性检验

根据表 3－20 中的方差齐性检验结果，两种媒介类型下 MMN 幅值的 Levene 统计量的值为 0.353，相应的显著性概率 P 为 0.567。给定显著水平 α 为 0.05，由于概率 P 值大于显著水平，因此没有理由拒绝原假设，认为媒介类型的两种水平下被试的 MMN 幅值的方差没有显著差异，即方差具有齐性。

表 3－20　**F7 电位媒介类型 MMN 幅值方差齐性检验**

Levene 统计量	df1	df2	显著性
0.353	1	26	0.567

通过以上两步正态分布检验和方差齐性检验，实验所得样本满足方差分析的前提要求。以下采用单因素方差分析具体考察媒介类型的变化对 MMN 幅值是否有影响。

结果三：单因素方差分析

从表 3－21 单因素方差检验的结果可以看出：媒介类型变化的主效应不显著，$F(1, 26)=0.034$，其显著性概率（Sig.）为 0.858，在给定显著水平 α 为 0.05 时，Sig. $=0.858>0.05$，故接受原假设，即认为被试者在不同的媒介上进行新闻阅读时诱发的 MMN 没有显著差异。具体地看 MMN 幅值，使用手机阅读新闻的 MMN 出现在 118ms，其幅值为

-2.1μV，而使用电脑阅读新闻的 MMN 出现在 151ms，其幅值为 -2.3μV，由此可见，在 F7 电位，手机和电脑诱发的 MMN 幅值几乎一样，和统计检验的结果一致。

表 3-21 **F7 电位媒介类型 MMN 幅值方差检验结果**

平均值平方	df	*F* 值	显著性
0.117	1	0.034	0.858

8. 颞区 F8 电位

图 3-14 显示了电脑组和手机组被试在观看默片和进行新闻阅读时 MMN 脑电成分在 F8 位置的波形。首先从整体波幅就可看出，两组被试在进行新闻阅读时有明显的 MMN 成分出现。

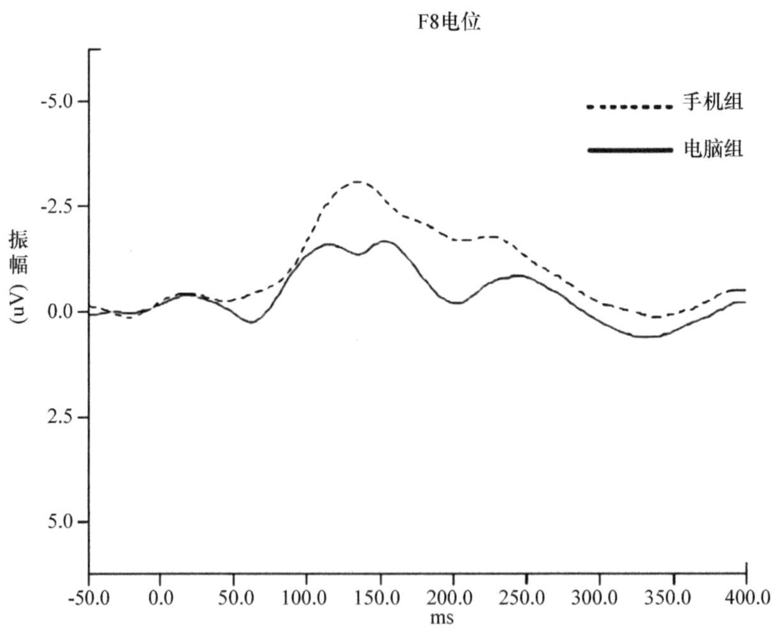

图 3-14 F8 电位的 ERP 成分示意图

进一步对媒介类型（手机、电脑）进行 ANOVA 统计分析。运行 SPSS，得到分析结果如下：

结果一：正态性检验

零假设 H_0：假设在媒介类型的两种类别（手机、电脑）下，所诱发的 MMN 幅值的均值没有显著差异，控制变量不同水平下的效应同时为 0，记为 H_0：$a_1 = a_2 = 0$，意味着使用媒介类型的不同没有对被试在阅读新闻时的大脑信息加工能力（MMN 幅值）产生显著影响。

记不同媒介类型的 MMN 幅值的方差分别为 δ_n^2（$n = 2$）。

原假设 H_0：$\delta_1^2 = \delta_2^2$

备择假设 H_1：$\delta_1^2 \neq \delta_2^2$

表 3－22 是 F8 电位下不同媒介类型的 MMN 幅值的正态性检验结果，Shapiro-Wilk 的 P 值 0.132、0.135 都大于 0.05，因而我们不能拒绝原假设，也就是说没有证据表明各组的数据不服从正态分布。即 $P > 0.05$，数据服从正态分布。

表 3－22　**F8 电位不同媒介类型的 MMN 幅值的正态性检验**

	媒介类型	Shapiro-Wilk		
		统计量	df	显著性 Sig.
F8 新闻	手机	0.841	14	0.132
	电脑	0.828	14	0.135

结果二：方差齐性检验

根据表 3－23 中的方差齐性检验结果，两种媒介类型下 MMN 幅值的 Levene 统计量的值为 1.628，相应的显著性概率 P 为 0.234。给定显著水平 α 为 0.05，由于概率 P 值大于显著水平，因此没有理由拒绝原假设，认为媒介类型的两种水平下被试的 MMN 幅值的方差没有显著差异，即方差具有齐性。

表 3－23　**F8 电位媒介类型 MMN 幅值方差齐性检验**

Levene 统计量	df1	df2	显著性
1.628	1	26	0.234

通过以上两步正态分布检验和方差齐性检验，实验所得样本满足方差分析的前提要求。以下采用单因素方差分析具体考察媒介类型的变化对

MMN 幅值是否有影响。

结果三：单因素方差分析

从表 3 - 24 单因素方差检验的结果可以看出：媒介类型变化的主效应非常显著，F（1，26）=1.568，其显著性概率（Sig.）为 0.242，在给定显著水平 α 为 0.05 时，Sig. =0.242 >0.05，故接受原假设，即认为被试者在不同的媒介上进行新闻阅读时诱发的 MMN 没有显著差异。具体表现为使用手机阅读新闻时在 135ms 诱发的 MMN（ -3.1μV）与使用电脑阅读新闻时在 153ms 诱发的 MMN（ -2.7μV）几乎一样，和统计检验结果一致。

表 3 - 24 **F8 电位媒介类型 MMN 幅值方差检验结果**

平均值平方	df	F 值	显著性
21.069	1	1.568	0.242

9. 颞区 T7 电位

图 3 - 15 显示了电脑组和手机组被试在观看默片和进行新闻阅读时 MMN 脑电成分在 T7 位置的波形。首先从整体波幅就可看出，两组被试在

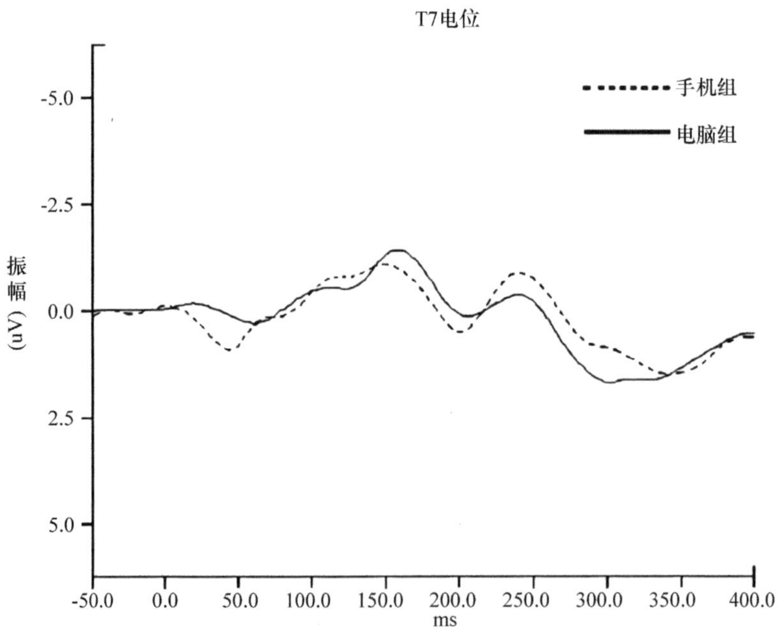

图 3 - 15 T7 电位的 ERP 成分示意图

进行新闻阅读时有明显的 MMN 成分出现。

进一步对媒介类型（手机、电脑）进行 ANOVA 统计分析。运行 SPSS，得到分析结果如下：

结果一：正态性检验

零假设 H_0：假设在媒介类型的两种类别（手机、电脑）下，所诱发的 MMN 幅值的均值没有显著差异，控制变量不同水平下的效应同时为 0，记为 H_0：$a_1=a_2=0$，意味着使用媒介类型的不同没有对被试在阅读新闻时的大脑信息加工能力（MMN 幅值）产生显著影响。

记不同媒介类型的 MMN 幅值的方差分别为 δ_n^2（$n=2$）。

原假设 H_0：$\delta_1^2=\delta_2^2$

备择假设 H_1：$\delta_1^2\neq\delta_2^2$

表 3－25 是 T7 电位下不同媒介类型的 MMN 幅值的正态性检验结果，Shapiro-Wilk 的 P 值 0.063、0.401 都大于 0.05，因而我们不能拒绝原假设，也就是说没有证据表明各组的数据不服从正态分布。即 $P>0.05$，数据服从正态分布。

表 3－25　　T7 电位不同媒介类型的 MMN 幅值的正态性检验

	媒介类型	Shapiro-Wilk		
		统计量	df	显著性 Sig.
T7 新闻	手机	0.785	14	0.063
	电脑	0.898	14	0.401

结果二：方差齐性检验

根据表 3－26 中的方差齐性检验结果，两种媒介类型下 MMN 幅值的 Levene 统计量的值为 0.125，相应的显著性概率 P 为 0.732。给定显著水平 α 为 0.05，由于概率 P 值大于显著水平，因此没有理由拒绝原假设，认为媒介类型的两种水平下被试的 MMN 幅值的方差没有显著差异，即方差具有齐性。

表 3－26　　T7 电位媒介类型 MMN 幅值方差齐性检验

Levene 统计量	df1	df2	显著性
0.125	1	26	0.732

通过以上两步正态分布检验和方差齐性检验，实验所得样本满足方差分析的前提要求。以下采用单因素方差分析具体考察媒介类型的变化对 MMN 幅值是否有影响。

结果三：单因素方差分析

从表 3－27 单因素方差检验的结果可以看出：媒介类型变化的主效应不显著，F（1，26）＝0.003，其显著性概率（Sig.）为 0.958，在给定显著水平 α 为 0.05 时，Sig.＝0.958＞0.05，故接受原假设，即认为被试者在不同的媒介上进行新闻阅读时诱发的 MMN 没有显著差异。具体地看 MMN 幅值，使用手机阅读新闻的 MMN 出现在 150ms，其幅值为 $-1.1\mu V$，而使用电脑阅读新闻的 MMN 出现在 158ms，其幅值为 $-1.4\mu V$，由此可见，在 T7 电位，手机和电脑诱发的 MMN 幅值几乎一样，和统计检验的结果一致。

表 3－27 T7 电位媒介类型 MMN 幅值方差检验结果

平均值平方	df	F 值	显著性
0.004	1	0.003	0.958

10. 颞区 T8 电位

图 3－16 显示了电脑组和手机组被试在观看默片和进行新闻阅读时 MMN 脑电成分在 T8 位置的波形。首先从整体波幅就可看出，两组被试在进行新闻阅读时有明显的 MMN 成分出现。

进一步对媒介类型（手机、电脑）进行 ANOVA 统计分析。运行 SPSS，得到分析结果如下：

结果一：正态性检验

零假设 H_0：假设在媒介类型的两种类别（手机、电脑）下，所诱发的 MMN 幅值的均值没有显著差异，控制变量不同水平下的效应同时为 0，记为 H_0：$a_1=a_2=0$，意味着使用媒介类型的不同没有对被试在阅读新闻时的大脑信息加工能力（MMN 幅值）产生显著影响。

记不同媒介类型的 MMN 幅值的方差分别为 δ_n^2（$n=2$）。

原假设 H_0：$\delta_1^2=\delta_2^2$

备择假设 H_1：$\delta_1^2\neq\delta_2^2$

表 3－28 是 T8 电位下不同媒介类型的 MMN 幅值的正态性检验结果，

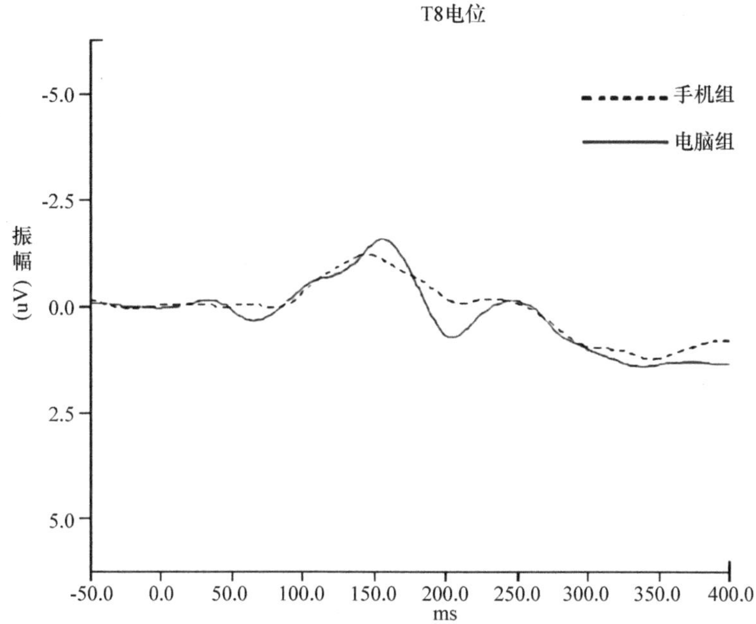

图 3－16　T8 电位的 ERP 成分示意图

Shapiro-Wilk 的 P 值 0.435、0.314 都大于 0.05，因而我们不能拒绝原假设，也就是说没有证据表明各组的数据不服从正态分布。即 $P>0.05$，数据服从正态分布。

表 3－28　**T8 电位不同媒介类型的 MMN 幅值的正态性检验**

	媒介类型	Shapiro-Wilk		
		统计量	df	显著性 Sig.
T8 新闻	手机	0.910	14	0.435
	电脑	0.881	14	0.314

结果二：方差齐性检验

根据表 3－29 中的方差齐性检验结果，两种媒介类型下 MMN 幅值的 Levene 统计量的值为 1.362，相应的显著性概率 P 为 0.273。给定显著水平 α 为 0.05，由于概率 P 值大于显著水平，因此没有理由拒绝原假设，认为媒介类型的两种水平下被试的 MMN 幅值的方差没有显著差异，即方

差具有齐性。

表3-29 **T8电位媒介类型MMN幅值方差齐性检验**

Levene统计量	df1	df2	显著性
1.362	1	26	0.273

通过以上两步正态分布检验和方差齐性检验，实验所得样本满足方差分析的前提要求。以下采用单因素方差分析具体考察媒介类型的变化对MMN幅值是否有影响。

结果三：单因素方差分析

从表3-30单因素方差检验的结果可以看出：媒介类型变化的主效应不显著，$F(1, 26)=0.673$，其显著性概率（Sig.）为0.433，在给定显著水平α为0.05时，Sig. =0.433>0.05，故接受原假设，即认为被试者在不同的媒介上进行新闻阅读时诱发的MMN没有显著差异。具体地看MMN幅值，使用手机阅读新闻的MMN出现在145ms，其幅值为-1.2μV，而使用电脑阅读新闻的MMN出现在156ms，其幅值为-1.6μV，由此可见，在T8电位，手机和电脑诱发的MMN幅值几乎一样，和统计检验的结果一致。

表3-30 **T8电位媒介类型MMN幅值方差检验结果**

平均值平方	df	*F*值	显著性
0.381	1	0.673	0.433

11. 额区FC3电位

图3-17显示了电脑组和手机组被试在观看默片和进行新闻阅读时MMN脑电成分在FC3位置的波形。首先从整体波幅就可看出，两组被试在进行新闻阅读时有明显的MMN成分出现。

进一步对媒介类型（手机、电脑）进行ANOVA统计分析。运行SPSS，得到分析结果如下：

结果一：正态性检验

零假设H_0：假设在媒介类型的两种类别（手机、电脑）下，所诱发的MMN幅值的均值没有显著差异，控制变量不同水平下的效应同时为0，

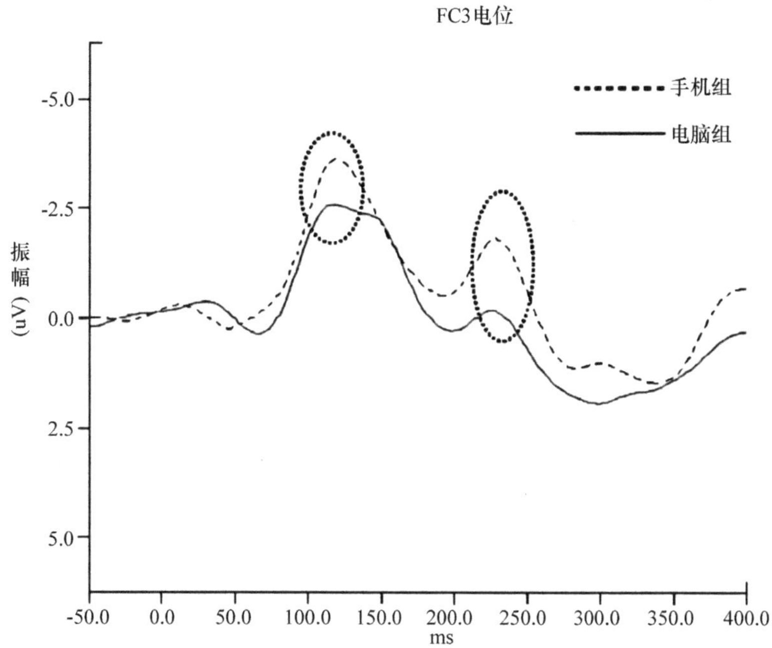

图 3－17　FC3 电位的 ERP 成分示意图

记为 H_0：$a_1 = a_2 = 0$，意味着使用媒介类型的不同没有对被试在阅读新闻时的大脑信息加工能力（MMN 幅值）产生显著影响。

记不同媒介类型的 MMN 幅值的方差分别为 δ_n^2（$n = 2$）。

原假设 H_0：$\delta_1^2 = \delta_2^2$

备择假设 H_1：$\delta_1^2 \neq \delta_2^2$

表 3－31 是 FC3 电位下不同媒介类型的 MMN 幅值的正态性检验结果，Shapiro-Wilk 的 P 值 0.576、0.061 都大于 0.05，因而我们不能拒绝原假设，也就是说没有证据表明各组的数据不服从正态分布。即 $P > 0.05$，数据服从正态分布。

结果二：方差齐性检验

根据表 3－32 中的方差齐性检验结果，两种媒介类型下 MMN 幅值的 Levene 统计量的值为 2.267，相应的显著性概率 P 为 0.166。给定显著水平 α 为 0.05，由于概率 P 值大于显著水平，因此没有理由拒绝原假设，认为媒介类型的两种水平下被试的 MMN 幅值的方差没有显著差异，即方

差具有齐性。

表 3－31 **FC3 电位不同媒介类型的 MMN 幅值的正态性检验**

	媒介类型	Shapiro-Wilk		
		统计量	df	显著性 Sig.
FC3 新闻	手机	0.929	14	0.576
	电脑	0.785	14	0.061

表 3－32 **FC3 电位媒介类型 MMN 幅值方差齐性检验**

Levene 统计量	df1	df2	显著性
2.267	1	26	0.166

通过以上两步正态分布检验和方差齐性检验，实验所得样本满足方差分析的前提要求。以下采用单因素方差分析具体考察媒介类型的变化对 MMN 幅值是否有影响。

结果三：单因素方差分析

从表 3－33 单因素方差检验的结果可以看出：媒介类型变化的主效应非常显著，F（1，26）＝22.338，其显著性概率（Sig.）为 0.001，在给定显著水平 α 为 0.05 时，Sig. ＝0.001＜0.05，故拒绝原假设，即认为被试者在不同的媒介上进行新闻阅读时诱发的 MMN 有显著差异。具体表现为使用手机阅读新闻时在 119ms 诱发的 MMN（－3.6μV）明显地高于使用电脑阅读新闻时在 117ms 诱发的 MMN（－2.6μV）。

表 3－33 **FC3 电位媒介类型 MMN 幅值方差检验结果**

平均值平方	df	F 值	显著性
23.820	1	22.338	0.001

12. 额区 FCZ 电位

图 3－18 显示了电脑组和手机组被试在观看默片和进行新闻阅读时 MMN 脑电成分在 FC3 位置的波形。首先从整体波幅就可看出，两组被试在进行新闻阅读时有明显的 MMN 成分出现。

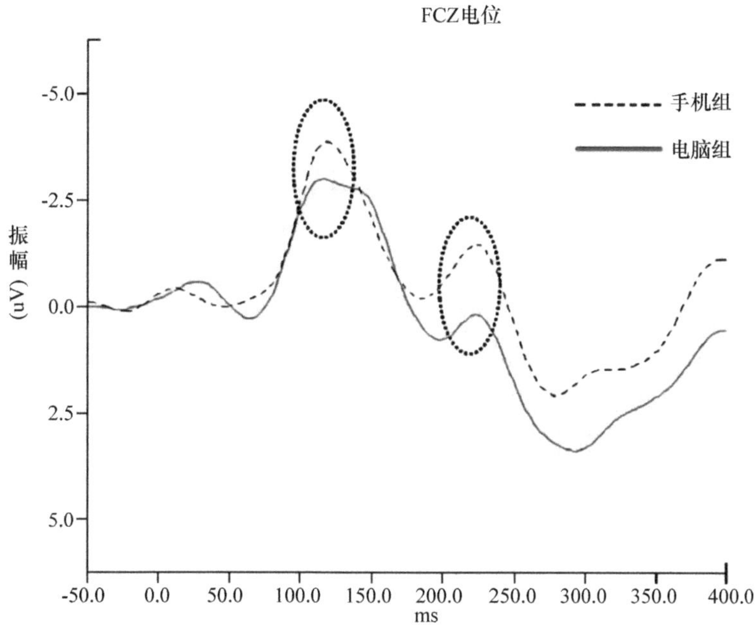

图 3－18 FCZ 电位的 ERP 成分示意图

进一步对媒介类型（手机、电脑）进行 ANOVA 统计分析。运行 SPSS，得到分析结果如下：

结果一：正态性检验

零假设 H_0：假设在媒介类型的两种类别（手机、电脑）下，所诱发的 MMN 幅值的均值没有显著差异，控制变量不同水平下的效应同时为 0，记为 H_0：$a_1 = a_2 = 0$，意味着使用媒介类型的不同没有对被试在阅读新闻时的大脑信息加工能力（MMN 幅值）产生显著影响。

记不同媒介类型的 MMN 幅值的方差分别为 δ_n^2（$n = 2$）。

原假设 H_0：$\delta_1^2 = \delta_2^2$

备择假设 H_1：$\delta_1^2 \neq \delta_2^2$

表 3－34 是 FCZ 电位下不同媒介类型的 MMN 幅值的正态性检验结果，Shapiro-Wilk 的 P 值 0.089、0.378 都大于 0.05，因而我们不能拒绝原假设，也就是说没有证据表明各组的数据不服从正态分布。即 $P > 0.05$，数据服从正态分布。

表 3－34 FCZ 电位不同媒介类型的 MMN 幅值的正态性检验

	媒介类型	Shapiro-Wilk		
		统计量	df	显著性 Sig.
FCZ 新闻	手机	0.821	14	0.089
	电脑	0.894	14	0.378

结果二：方差齐性检验

根据表 3－35 中的方差齐性检验结果，两种媒介类型下 MMN 幅值的 Levene 统计量的值为 1.492，相应的显著性概率 P 为 0.253。给定显著水平 α 为 0.05，由于概率 P 值大于显著水平，因此没有理由拒绝原假设，认为媒介类型的两种水平下被试的 MMN 幅值的方差没有显著差异，即方差具有齐性。

表 3－35 FCZ 电位媒介类型 MMN 幅值方差齐性检验

Levene 统计量	df1	df2	显著性
1.492	1	26	0.253

通过以上两步正态分布检验和方差齐性检验，实验所得样本满足方差分析的前提要求。以下采用单因素方差分析具体考察媒介类型的变化对 MMN 幅值是否有影响。

结果三：单因素方差分析

从表 3－36 单因素方差检验的结果可以看出：媒介类型变化的主效应非常显著，$F(1, 26) = 21.253$，其显著性概率（Sig.）为 0.001，在给定显著水平 α 为 0.05 时，Sig. $= 0.001 < 0.05$，故拒绝原假设，即认为被试者在不同的媒介上进行新闻阅读时诱发的 MMN 有显著差异。具体表现为使用手机阅读新闻时在 119ms 诱发的 MMN（$-3.9\mu V$）明显高于使用电脑阅读新闻时在 116ms 诱发的 MMN（$-3.0\mu V$）。

表 3－36 FC3 电位媒介类型 MMN 幅值方差检验结果

平均值平方	df	*F* 值	显著性
27.032	1	21.253	0.001

13. 颞区 FC4 电位

图 3－19 显示了电脑组和手机组被试在观看默片和进行新闻阅读时 MMN 脑电成分在 FC4 位置的波形。首先从整体波幅就可看出，两组被试在进行新闻阅读时有明显的 MMN 成分出现。

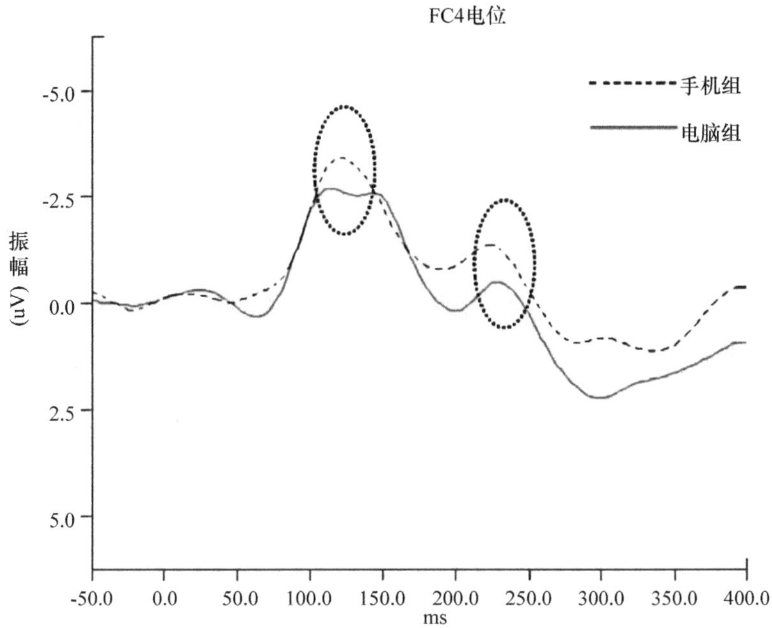

图 3－19　FC4 电位的 ERP 成分示意图

进一步对媒介类型（手机、电脑）进行 ANOVA 统计分析。运行 SPSS，得到分析结果如下：

结果一：正态性检验

零假设 H_0：假设在媒介类型的两种类别（手机、电脑）下，所诱发的 MMN 幅值的均值没有显著差异，控制变量不同水平下的效应同时为 0，记为 H_0：$a_1=a_2=0$，意味着使用媒介类型的不同没有对被试在阅读新闻时的大脑信息加工能力（MMN 幅值）产生显著影响。

记不同媒介类型的 MMN 幅值的方差分别为 δ_n^2（$n=2$）。

原假设 H_0：$\delta_1^2=\delta_2^2$

备择假设 H_1：$\delta_1^2\neq\delta_2^2$

表 3－37 是 FC4 电位下不同媒介类型的 MMN 幅值的正态性检验结

果，Shapiro-Wilk 的 P 值 0.388、0.130 都大于 0.05，因而我们不能拒绝原假设，也就是说没有证据表明各组的数据不服从正态分布。即 $P > 0.05$，数据服从正态分布。

表 3－37　FC4 电位不同媒介类型的 MMN 幅值的正态性检验

	媒介类型	Shapiro-Wilk		
		统计量	df	显著性 Sig.
FC4 新闻	手机	0.902	14	0.388
	电脑	0.826	14	0.130

结果二：方差齐性检验

根据表 3－38 中的方差齐性检验结果，两种媒介类型下 MMN 幅值的 Levene 统计量的值为 0.919，相应的显著性概率 P 为 0.363。给定显著水平 α 为 0.05，由于概率 P 值大于显著水平，因此没有理由拒绝原假设，认为媒介类型的两种水平下被试的 MMN 幅值的方差没有显著差异，即方差具有齐性。

表 3－38　FC4 电位媒介类型 MMN 幅值方差齐性检验

Levene 统计量	df1	df2	显著性
0.919	1	26	0.363

通过以上两步正态分布检验和方差齐性检验，实验所得样本满足方差分析的前提要求。以下采用单因素方差分析具体考察媒介类型的变化对 MMN 幅值是否有影响。

结果三：单因素方差分析

从表 3－39 单因素方差检验的结果可以看出：媒介类型变化的主效应非常显著，$F(1, 26) = 31.230$，其显著性概率（Sig.）为 0.000，在给定显著水平 α 为 0.05 时，Sig. $= 0.000 < 0.05$，故拒绝原假设，即认为被试者在不同的媒介上进行新闻阅读时诱发的 MMN 有显著差异。具体表现为使用手机阅读新闻时在 121ms 诱发的 MMN（$-3.4\mu V$）明显地高于使用电脑阅读新闻时在 114ms 诱发的 MMN（$-2.7\mu V$）。

表 3－39 **FC4 电位媒介类型 MMN 幅值方差检验结果**

平均值平方	df	*F* 值	显著性
20.762	1	31.230	0.000

（三）MMN 振幅值及潜伏期的重复测量方差分析

从上述分电位的统计检验中可以看出，在 F3、FZ、F4、FC3、FC4、FCZ 这几个电位手机诱发的 MMN 和电脑诱发的 MMN 具有显著的差异。将这几个电位作为组内因素的六个水平，手机组和电脑组作为组间因素的两个水平，对声音频率诱发出的 MMN 成分的振幅和潜伏期进行 6×2 的重复测量方差分析。

从表 3－40 可知，经过统计分析得出，对于不同电位来说，MMN 的振幅值的主效应显著（$F=5.658$，$P=0.000<0.05$）。不同电位的振幅值和媒介类型之间的交互作用不显著（$F=0.248$，$P=0.971>0.05$）。从 MMN 幅值的具体数值来看：不论是手机组还是电脑组，额中央区的 MMN 波幅的绝对值最大，且手机组在 FZ 位置的幅值的绝对值最大，为 $-3.91\mu V$，而电脑组在 FCZ 位置的幅值的绝对值最大，为 $-2.99\mu V$，且手机组 MMN 的绝对值大于电脑组 MMN 的幅值。这个数据在一定程度上也可以理解为手机作为新闻阅读的介质，相较于电脑来说需要更多的注意力资源。在下一步的脑地形图分析中会进一步说明。

表 3－40 **不同电位诱发 MMN 振幅值的重复测量方差分析结果**

来源	平均值平方	*F* 值	显著性
电位	3.265	5.658	0.000
电位 * 媒介类型	0.143	0.248	0.971

从表 3－41 可知，经过统计分析得出，对于不同电位来说，MMN 的潜伏期的主效应不显著（$F=0.348$，$P=0.929>0.05$）。不同电位的潜伏期和媒介类型之间的交互作用也不显著（$F=1.179$，$P=0.327>0.05$）。MMN 潜伏期的具体数值：手机组潜伏期的均值为 159ms，电脑组潜伏期的均值为 160ms。

表 3-41 **不同电位诱发 MMN 潜伏期的重复测量方差分析结果**

来源	平均值平方	*F* 值	显著性
潜伏期	347.635	0.348	0.929
潜伏期 * 媒介类型	1179.843	1.179	0.327

（四）手机组和电脑组声音频率 MMN 的脑电地形图

从图 3-20 手机组声音频率 MMN 的脑地形图我们可以清楚地看到，39ms 左右开始在中央顶区出现一负性成分，逐渐向额中央区转移，并随着时间进程逐渐增强，分布范围逐渐扩大，至 129ms 左右幅值最大，之后波幅逐渐减小，一直持续到 291ms 左右，以前额叶为主。图 3-21 显示，电脑组声音频率 MMN 的幅值就明显弱很多，电脑组的负性成分最早出现在 21ms 左右，其位置大概在偏右侧前额叶和颞叶附近，这一负性成分也是随着时间进程逐渐增强且范围逐渐扩大，在 129ms 左右达到最大，之后开始减弱，一直持续到 309ms 左右。由此可见：

（1）在刺激发生后的 129ms 时，手机组和电脑组的 MMN 幅值均达到

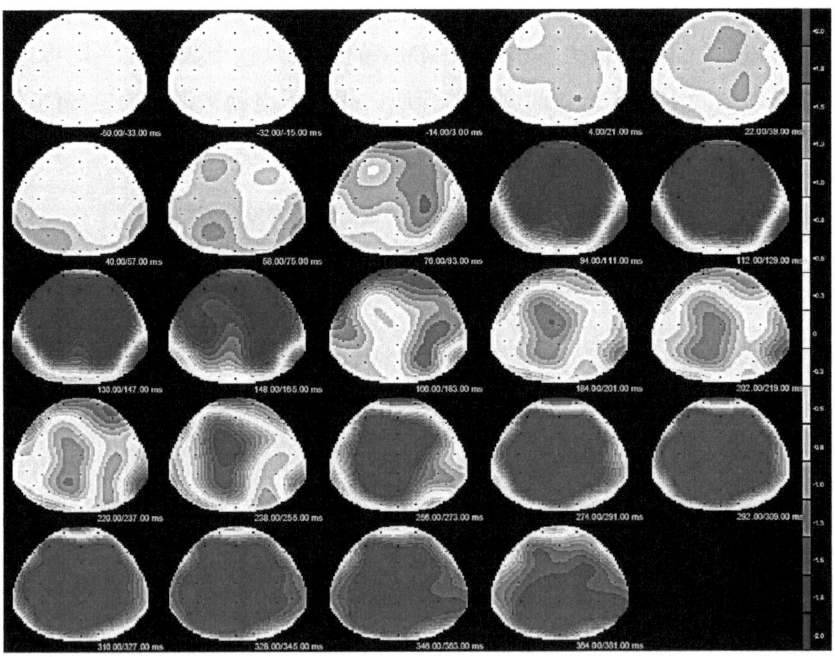

图 3-20 **手机组声音频率 MMN 的脑电地形图**

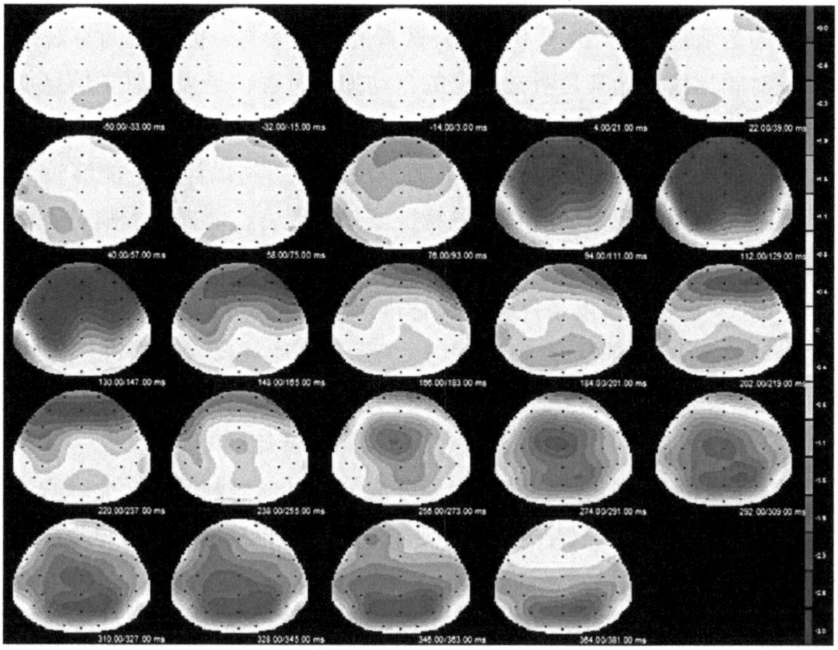

图 3－21　电脑组声音频率 MMN 的脑电地形图

各自的最大值，且手机组被试和电脑组被试在脑区功能反应区位上存在显著性差异，即手机组被试首先在额中央区出现反应，进而扩散到整个脑区；电脑组被试则首先在前额叶和颞叶等脑区部位做出反应，进而扩散到整个脑区。

（2）手机组被试和电脑组被试均在 129ms 左右 MMN 幅值达到最大，手机组的 MMN 幅值明显大于电脑组。从这两点发现可以得出，手机组被试和电脑组被试在处理同样内容信息时存在脑认知功能区反应机制的显著差异。

第五节　小结与讨论

MMN 是在标准刺激诱发的一般电位基础上叠加的一种由偏差刺激诱发的特殊事件相关电位成分。出现在刺激后 100—250ms，由刺激变化所诱发的两种刺激响应之间的差异波就是 MMN。MMN 与大脑皮层对感官信息主要是听觉信息早期预处理活动有关，反映了初级听觉皮层和邻近颞上回皮质的激活过程。[①] 由于不需要被试者的主动参与，能够较为客观地反映大脑对感觉信息尤其是听觉信息的自动加工过程，是大脑感觉信息加工的电生理测量的有利指标。

MMN 在认知神经科学具有极大的应用潜力，其优势在于能够较为客观地反映大脑感觉记忆功能和探测特征变化的能力，能提供大脑对于输入声音的细节特征，如刺激声音的强度、持续时间和频率的处理证据。

MMN 最重要的诱发条件就是与标准刺激不同的偏差刺激且被试的注意力被转移到了其他无关刺激中（如观看默片或阅读文字）。传统的 MMN 范式实际上在一个偏差刺激中有两个偏差成分。第一个偏差成分是刺激的开始时间（一般是从安静状态转入刺激开始的时间），这一偏差对于标准刺激而言是固定的。第二个偏差成分则是偏差刺激与标准刺激属性的差异，如果这个偏差刺激偶尔出现，大部分仍旧呈现原来的刺激，那么这种偏差就仅仅由偏差刺激本身决定。

本书的脑电结果显示，在 oddball 范式下，两种频率不同的声音刺激共同诱发的 MMN 中，使用不同的媒介（手机、电脑）进行新闻阅读的 ERP 存在显著差异。通过对手机组和电脑组 MMN 的统计分析，结果显示（见表 3－42）：①除了 C4、F7、T7 和 T8 这四个电位以外，手机组 MMN 的幅值均大于电脑组 MMN 的幅值；②在 F3、FZ、F4、FC3、FCZ、FC4 电位，媒介类型的主效应显著，这六个电位手机组 MMN 的波幅显著的大于电脑组 MMN 的波幅；③MMN 成分在颞区、枕区和额区都有出现，其中在额中央区幅值的绝对值最大，具体表现为手机组在 FZ 位置的幅值的绝对值最大，为 $-3.91\mu V$，而电脑组在 FCZ 位置的幅值的绝对值最大，为 $-2.99\mu V$，这与前人的研究结论——MMN 的主要出现部位位于额中央区是一致的。

此外，从两组被试脑反应的 2D 脑地形图知道，手机组和电脑组被试在脑区功能反应区位上存在显著差异，即手机组被试首先在额中央区出现反应，进而扩散到整个脑区；电脑组被试则首先在前额叶和颞叶等脑区部位做出反应，进而扩散到整个脑区。说明手机组和电脑组被试在处理同样

① Jacobsen, T. & Schröger, E., "Measuring Duration Mismatch Negativity", *Clinical Neurophysiology*, Vol. 114, No. 6, 2003, pp. 1133－1143.

内容信息时存在脑认知功能区反应机制的显著差异。

表 3－42　**13 个主要考察电位的 MMN 幅值及显著性一览表**

电极	手机组 MMN 总平均值（μV）	电脑组 MMN 总平均值（μV）	显著性
F3	-3.51	-2.63	显著
FZ	-3.91	-2.74	显著
F4	-3.72	-2.84	显著
C3	-3.10	-2.80	不显著
CZ	-3.09	-2.71	不显著
C4	-2.61	-2.61	不显著
F7	-2.12	-2.27	不显著
F8	-3.09	-2.71	不显著
T7	-1.09	-1.42	不显著
T8	-1.23	-1.58	不显著
FC3	-3.63	-2.59	显著
FCZ	-3.86	-2.99	显著
FC4	-3.41	-2.70	显著

问卷数据表明，电脑组和手机组对实验中所阅读内容的记忆度存在差异。手机组相比电脑组正确率更高，且手机组的标准差小于电脑组，可以理解为使用手机进行新闻阅读时获得的注意更多。这两个数据进一步说明了使用不同的媒介进行新闻阅读时，通过手机阅读的记忆度高于电脑。

MMN 成分反应能够较为客观地反映大脑对感觉信息尤其是听觉信息的自动加工过程。结合脑区反应变化规律和问卷结果，可以认为当人们在借助不同介质进行阅读行为时，行为人的信息处理方式和机制确实存在不同。实验结果表明，人们使用手机和使用电脑阅读同样的新闻内容时 MMN 成分的主要发生区的波幅存在显著差异，相对于电脑组，手机组在进行新闻阅读时会诱发较大波幅的 MMN，即可以认为人们分别使用手机和电脑进行新闻阅读时存在认知方式上的明显差异，手机阅读的认知发生更加全面均衡。

第四章

情绪、注意的研究：生理信息的方法

第一节　实验目的

本书旨在考察观看内容一定的前提下，通过变化呈现刺激材料的媒介（本实验中以手机和电脑为区分），找出被试在不同媒介上阅读时个人情绪唤起程度和注意力水平的差异。本实验中，利用生理多导仪记录被试在观看情绪图片时的皮肤电反应和心率变化，用以衡量被试在不同媒介上观看图片时情绪唤起程度的差异和注意程度的差异，客观地评价用户在不同媒介上信息的浏览规律。

第二节　实验假设及实验变量

一　实验假设

实验围绕“不同媒介对受众阅读信息时情绪反应的影响”展开讨论，由此提出如下假设：

假设 H2：使用电脑和手机两种媒介阅读相同的新闻信息时，个人情绪的唤醒（arousal）水平和注意（attention）程度存在差异，这种差异体现在心率（heart rate）变化和皮肤电反应（skin conductance response）上。

假设 H2a：在注意 attention（指标：心率 heart rate）水平上，使用小屏手机阅读时的心率比使用大屏电脑阅读时被试的心率慢，说明在小屏的手机上阅读时获得的注意更高。

假设 H2b：在唤醒 arousal（指标：皮肤电反应 skin conductance response）上，使用小屏手机阅读时交感神经的皮肤电反应大于使用大屏电脑阅读时交感神经的皮肤电反应，说明信息内容在小屏的手机上引起的情绪唤起度较高。

二　实验变量

自变量：实验的自变量为不同的媒介类型。媒介类型根据不同的尺寸大小分为代表小屏的手机和代表大屏的电脑两种。选择这两种媒介作为代表的原因在于：手机是最常用的一种小屏媒介，也是移动互联网最典型的终端设备；而电脑是互联网的终端设备，虽然不比电影银幕或是电视荧幕大，但它具有互联网的特性，所以将电脑作为大屏终端的代表。

因变量：阅读刺激材料时被试的注意水平（attention）和生理唤醒程度（arousal）。其中注意水平通过心率（heat rate）的变化来反映，心率为任意单位时间内心脏搏动的次数，通过心率的变化可以反映注意力，心率的单位为：次/分。唤醒程度则是被试在观看期间皮肤电（skin conductance response）的变化，皮肤电反应是一种反映交感神经节后纤维功能状态的表皮电位，可由内源性或外源性刺激所诱发，皮肤电单位为：微伏（μs）。

第三节　实验设计

一　方法

实验采用 2（媒介类型）×2（图片类型）的两因素实验设计，其中媒介类型分别为电脑和手机两类，是被试间变量，每位被试只需要在其中一种媒介环境下进行实验；图片类型有两种，分别是愉悦的/激动的（如神舟火箭发射成功）、消极的/悲伤的（血淋淋的伤口），是被试内变量。在实验过程使用电脑或手机对每一位被试随机呈现两种不同类型的信息内容/图片，实验图片均来自国际图片库，图片呈现顺序在被试间平衡。

二　被试

笔者在浙江大学论坛 CC98（http：//www. cc98. org）上招募 44 名健康的大学生，平均年龄为 22. 5 岁（M = 22. 45，SD = 1. 89），随机将他们

分成电脑组和手机组（每组22名）。所有被试裸眼或矫正视力均达到5.0以上，色觉正常，听力正常，无其他精神病史。每位被试在实验开始前已阅读《生理心理实验被试知情书（协议书）》，在实验结束后可获得报酬。

三 刺激材料

从国际情感图片系统（IAPS）中选择20张图片，其中正性刺激为10张愉快情绪图片（如婴儿的笑脸），负性刺激为10张悲伤情绪图片（如血淋淋的伤口）。正式实验开始前，招募20名大学生用SAM量表对图片进行愉悦度和唤醒度的评定，愉快图片愉悦度：8.6 ±0.5，唤醒度：7.2 ±0.47；消极的/悲伤的图片愉悦度：3.3 ±0.49，唤醒度5.1 ±0.76。

所有图片使用卡耐基—梅隆大学和匹兹堡大学Pittsburgh学习研究与发展中心、美国PTS联合开发的用于计算机化行为研究的实验生成系统E-Prime软件编程，每一张图片呈现时间为5秒。

情绪报告单共包括七个情绪项目（见附录二），分别为：愉快、惊奇、恐惧、厌恶、悲伤、愤怒、中性。采用李克特9度量表，让被试者从0到8这9个数字中选择一个最贴合当时的情绪体验的数字。其中，“0”表示“无”，“8”表示“非常强”。

四 实验程序

实验在环境整洁、安静，光线可控制的生理心理实验室进行，被试坐在沙发椅上，面对计算机屏幕或手机屏幕，眼睛距离屏幕70厘米，室温保持在22 ±2摄氏度。

被试进入实验室后，坐在一张舒适的沙发椅上，放松并熟悉实验室的环境。因为右手要填写情绪体验报告单，因此所有指标均用左手测量。

电极安放位置：主试用酒精棉签对被试左手中指、无名指指端进行消毒。在被试左脚脚踝内侧、左右手内侧各贴一枚一次性心电监护电极片，并连接好三个心电导连，测量心率。在被试左手中指和食指戴上皮肤电活动反应传感器，测量皮肤电。

所有电极摆放好后，给予被试一系列记录指导语，解释实验过程。被试可以在实验正式开始前询问主试任何问题。主试向被试说明基本情况，并告知实验过程中尽量保持不动，待被试调整选取最舒适的坐姿后，开始进行刺激呈现并实时记录生理指标。为避免干扰，被试全程佩戴立体声耳机。每个被试只看一种尺寸的屏幕，每个被试观看所有图片，实验中每张图片呈现5秒，随机呈现。

整个实验过程分为两个阶段。第一阶段：电极贴好后，实验刺激呈现开始前被试需要填写第一次情绪报告单，并将该阶段的数据作为基线值；第二阶段：呈现图片刺激，40张图片，每张图片5s，共呈现刺激200s，呈现完毕后让被试第二次填写情绪报告单，生理数据同步记录。每一位被试共需要填写两次主观情绪报告单。然后拆下电极，换另一被试进行实验。

五　实验设备

本书采用美国BioPac公司生产的MP150型多导生理记录仪和BioPac数据采集系统（见图4－1），记录不同通道的生理信息，采样率为1000Hz。此外，还有另一台戴尔电脑用于记录被试的生理反应数据。

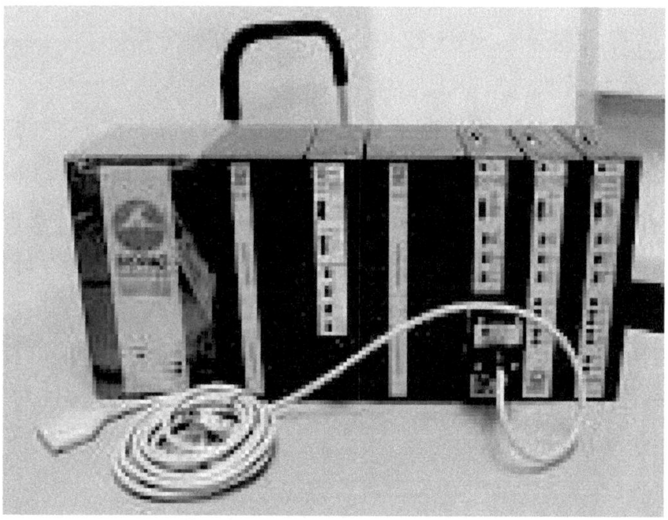

图4－1　MP150型多导生理记录仪

实验中使用心电描记放大器，用可粘贴的一次性扣式电极以I导连的方式与被试连接，记录被试实验过程中心率的变化。皮肤电则由皮肤电反应放大器（SKT100C），通过TSD203皮肤电阻传感器连接被试左手中指和食指指腹，记录被试指端的皮肤电活动。

为了屏蔽品牌对被试的影响，呈现新闻的电脑和手机均为苹果公司（Apple Inc.）的产品，电脑是屏幕大小为 13.3 英寸、屏幕分辨率为 1440×900 的 MacBook Air，手机是屏幕大小为 4 英寸、屏幕分辨率为 1136×640 的 iPhone 5s。

六　实验数据记录

被试在整个实验过程中都需要静坐在隔音、隔磁的生理心理实验室内独立完成，以减少数据记录的系统误差和偶然误差。

（一）生理心理反应测量

实验过程中全程记录心率和皮肤电数据。用 E-Prime 软件呈现刺激，利用 BioPac 公司生产的 MP150 生理多导系统测量皮肤电、心率两项指标，采样频率为 1000Hz，所有信号被 MP150 系统放大后，被电脑记录。心率的数据通过 BioPac 数据采集系统进行在线转换，最后对所有数据进行离线分析。数据分析时，分别取基线期和诱发期的平均值作为基线值和诱发值，所有数据导入 SPSS 22.0，进行多元方差分析。

（二）数据简化

实验中，BioPac 数据采集系统记录的是被试每一次心跳间隔（heart interval）的数据，我们对心跳数据进行人工的编辑和修改，以所有被试的平均心跳代替数据记录时因被试晃动等客观因素造成的伪迹的缺省值。实验所记录的心跳数据通过 BioPac 数据采集系统在线转换为每秒的平均心率，同时对应每个屏幕都生成相应的心率反应曲线。

实验中，皮肤电反应（Skin Conductance Responses，SCR）的数据每 2 秒记录一次。小于 10μs（微西门子）[①] 的数据将被删除，仅对每一段数据中最大的 SCR 进行分析。

第四节　结果及分析

一　前测：SAM 量表数据

如前文所述，实验开始前，招募 20 名大学生（M = 23.1，SD = 1.81）用 SAM 量表（如图 1－1 所示）对图片进行唤醒度和效价的评定。SAM

① 微西门子：microsiemens，简写 μs，是电导率的计量单位。

量表是*Lang*[①]设计的图片导向型（picture-oriented）的自我情绪评估工具，它将愉悦度（pleasure）、唤醒度（arousal）及控制度（dominance）各以不同的人型漫画图片呈现，让参与者能快速理解与判断，减少参与者对语言的负荷量的非语文形式的量表。量表中都有五个人形图，依次代表该向度的不同程度，而这些人型皆是等比例地呈现该向度的程度变化，每个图案程度下方都有数字，参与者将贴近自己观看图片后的情绪体验的数值标注出来，若参与者较难判断自我情绪反应，量表位于人型之间的白色小框则代表邻近情绪之间的均值。如图 1－1 所示，从上至下，分别代表愉悦度、唤醒度和控制度。以愉快程度为例，1＝非常不愉快、3＝有点不愉快、5＝中等、7＝有点愉快、9＝非常愉快，当中的 2、4、6、8 意指邻近人型的平均值，可帮助参与者更细微地分辨情绪。

愉悦度：表示个体情绪状态的正负特性，即情感的积极或消极程度，喜欢或不喜欢程度，这个维度体现了情感的本质。具体来说，有趣、赏心悦目、满意、充满希望代表愉悦；心情不好、厌恶、忧伤、恐惧、愤怒等情绪代表不愉悦。

唤醒度：表示个体的神经生理激活水平、警觉性与情感状态联系的机体能量的激活程度有关。具体来说，刺激、眼前一亮、令人敏感、激动代表唤醒；放松、平静、提不起精神、迟钝代表不唤醒。

20 名被试对所选出来的 20 张图片的愉悦度和唤醒度打分结果如下：愉快图片愉悦度：8.6±0.5，唤醒度：7.2±0.47；消极的/悲伤的图片愉悦度：2.9±0.49，唤醒度 5.1±0.76。对 SAM 量表评估的愉悦度、唤醒度进行信度检验，Krippendorff Alpha 信度系数[②]分别为 0.83 和 0.97，说明信度可以接受，不需要修订。也就是说所选择的愉快情绪图片和悲伤情绪图片在被试的情绪判定上具有一致性，可用于实验。

二　情绪体验自我报告单数据

对“情绪体验自我报告单”（见附录二）进行信度检验，情绪调查问卷的七个体验项目的相关性得分都大于 0.50，信度检验系数分别是愉快

① Lang, P. J., “Behavioral Treatment and Bio-Behavioral Assessment: Computer Applications”, *Technology in Mental Health Care Delivery Systems Norwood Ablex*, 1980, pp. 119－137.

② Krippendorff, K., “Reliability in Content Analysis: Some Common Misconceptions and Recommendations”, *Human Communication Research*, Vol. 30, No. 3, 2004, pp. 411－433.

为0.98，惊奇为0.86，恐惧为0.66，厌恶为0.97，悲伤为0.88，愤怒为0.89，中性为0.78，所有 $P<0.001$。信度检验的系数表明，除了恐惧情绪，其余情绪体验的信度系数检验值均在0.8以上，说明本实验的“情绪体验自我报告单”调查结果有较好的信度。

根据表4-1方差检验的结果，并进一步分析可以得出以下结论。

表4-1 **情绪体验方差分析**

情绪体验	变异来源	F 值	P 值
愉快	媒介类型	4.697	0.001
	图片类型	28.990	0.000
	媒介类型*图片类型	22.298	0.000
惊奇	媒介类型	3.583	0.032
	图片类型	10.245	0.002
	媒介类型*图片类型	1.930	0.152
恐惧	媒介类型	2.421	0.095
	图片类型	1.467	0.229
	媒介类型*图片类型	0.721	0.489
厌恶	媒介类型	0.200	0.820
	图片类型	0.729	0.396
	媒介类型*图片类型	1.226	0.299
悲伤	媒介类型	12.580	0.000
	图片类型	33.660	0.000
	媒介类型*图片类型	16.952	0.000
愤怒	媒介类型	1.107	0.336
	图片类型	2.283	0.135
	媒介类型*图片类型	0.831	0.440
中性	媒介类型	0.780	0.462
	图片类型	0.410	0.524
	媒介类型*图片类型	1.571	0.214

（1）不论是手机还是电脑，被试者愉快的情绪体验在愉快图片中的

得分都显著高于悲伤图片，其平均数差异 MD①$_{愉快-悲伤}$ = 2.983，$P<0.001$；被试者悲伤的情绪体验在愉快图片中得分显著低于悲伤图片，其平均数差异 MD$_{愉快-悲伤}$ = -2.573，$P<0.001$。这说明实验所选择的刺激材料中，愉快的图片成功诱发了被试愉快的情绪，悲伤的图片成功诱发了悲伤情绪。

（2）不论是愉快的图片还是悲伤的图片，被试的情绪体验在不同的媒介上都有显著的差异。在愉快图片中，使用手机获得的愉快情绪体验的分值显著高于电脑，其平均数差异 MD$_{手机-电脑}$ = 2.983，$P<0.001$；在悲伤图片中，使用手机获得的悲伤情绪体验的分值低于电脑，其平均数差异 MD$_{手机-电脑}$ = -0.6，$P<0.05$。这说明同样的图片内容，小屏的手机媒介对被试情绪的唤起程度较高。

三 生理反应数据

在本实验中，测得的生理反应数据包括心率和皮肤电两项指标。从表 4-2 可以看出，图片类型在心率和皮肤电两个指标上主效应不显著，媒介类型在这两个指标上主效应显著，图片类型和媒介类型对皮肤电反应有交互作用，而对心率则不存在交互作用，下面分别对两个指标进行分析。

表 4-2 **生理反应方差分析**

变异来源	生理指标	*F* 值	*P* 值
图片类型	心率	0.307	0.580
	皮肤电	0.001	0.979
媒介类型	心率	8.882	0.000
	皮肤电	6.911	0.000
图片类型 * 媒介类型	心率	0.462	0.836
	皮肤电	2.419	0.028

（一）心率

心率是注意的评价指标，大幅的、持续的心率降低，说明所呈现的信

① 如无特别说明，MD 在下文的分析中均代表平均数差异。

息内容吸引了被试更多的注意。① 本书的 H2a 假设指出，相较于大屏的电脑，被试使用小屏的手机阅读信息内容时获得的注意（attention）更高。也就是说，在小屏的手机上心率降低得更快、更持久。

图 4－2 所示的心率变化曲线是所有被试在大屏或小屏进行实验时心率的平均值。横坐标表示时间（秒），纵坐标表示心率变化值的平均值。

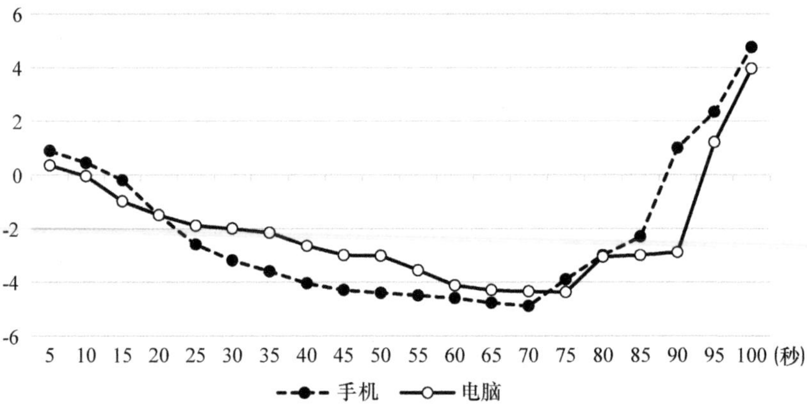

图 4－2　两种屏幕尺寸心率随时间的变化

对所得数据进行趋势分析，考察媒介类型的变化是否会引起被试心率的变化。从图 4－2 可以看出，不论是手机组还是电脑组，被试在受到图片刺激时，心率都有明显的减速。已有研究已经表明，心率的降低是由朝向反应（orienting response）② 引起的，对于媒介化信息来说，持续水平的心脏减速反映了个体被环境中的新异性刺激吸引，即可认为是关注度的增加。③ 对系统导出的心率数据进行方差分析，考察每个屏幕下的心率是否

① Lang, A., Boll, P., Potter, R. & Kawahara, K., "The Effects of Production Pacing and Arousing Content on the Information Processing of Television Messages", *Journal of Broadcasting & Electronic Media*, Vol. 43, No. 4, 1999, pp. 451－475.

② 朝向反应（orienting response）：由新异性强刺激引起机体的一种反射活动，表现为机体现行活动的突然中止，头面部甚至整个机体转向新异刺激发出的方向。通过眼、耳的感知过程探究新异刺激的性质及其对机体的意义。

③ Lang, P. J., Bradley, M. M. & Cuthbert, B. N., "Motivated Attention: Affect, Activation, and Action", *Attention & Orienting Sensory & Motivational Processes*, 1997, pp. 97－135.

存在显著差异。对于小屏的手机来说，心率随时间变化的二次效应①显著，$F = 39.51$，$P < 0.05$；对于大屏的电脑来说，心率随时间变化的二次效应显著：$F = 31.25$，$P < 0.05$。从图 4－2 可以看出，不论哪种尺寸的屏幕，被试在受到图片刺激时，都产生了明显的朝向反应，这与 Annie Lang 的研究结论是一致的②。

前人的研究发现，与基线相比，较大幅度的心率下降意味着被试对信息内容的关注度更高。③ 在本实验中，我们将实验前5s 平均心率的数据作为基线参考，得到如下结论：

（1）如图 4－2 所示，在小屏手机的情境下，被试心率随时间下降的幅度大于大屏电脑，但该差异在显著性检验中不显著，$F = 1.31$，$P = 0.19 > 0.05$。而对两组被试观看 20 张图片时心率的平均值数据的统计检验结果（见表 4－2）显示，媒介类型对心率有显著影响（$F = 8.882$，$P < 0.05$），其平均数差异 $MD_{手机-电脑} = -0.63$，$P < 0.001$，说明在小屏的手机媒介上观看图片时心率比在电脑上低，被试在小屏的手机媒介上的注意力高。

（2）从被试观看 20 张图片时心率的平均值数据的统计检验结果（见表4－2）可以看出，心率变化的过程受图片类型影响的差异不显著（$F = 0.307$，$P > 0.05$）。具体来看，愉快的图片刺激使心率降低，$MD_{诱发-基线} = -2.023$，$P > 0.05$，差异不显著；悲伤的图片刺激使心率增加，$MD_{诱发-基线} = 0.93$，$P > 0.05$，差异不显著。愉快图片和悲伤图片诱发的心率变化趋势相反，但差异都没有达到显著水平。

（3）表 4－2 方差检验的数据显示，图片类型和媒介类型对心率不存在交互作用，$F = 0.462$，$P = 0.836 > 0.05$。但从具体的数值中可以看出，在愉快图片中，手机组心率平均值低于电脑组，只是这一差异不具备统计学上的意义（$MD_{手机-电脑} = -0.89$，$P = ns$）；在悲伤图片中，手机组心率

① 二次效应：二次效应是非线性效应最简单的例子，强大的二次效应会给人有交互效应的错觉。举例来说，自变量和因变量之间并不是持续的正比例或反比例的变化关系，在同一个实验中会先呈正比例或反比例变化，然后达到某个点后再呈反比例或正比例变化。

② Lang, A., "Involuntary Attention and Physiological Arousal Evoked by Structural Features and Emotional Content in TV Commercials", *Communication Research*, Vol. 17, No. 17, 1990, pp. 275－299.

③ Lang, P. J., Simons, R. F. & Balaban, M. T., *Attention and Orienting: Sensory and Motivational Processes*, Lawrence Erlbaum Associates Publishers, 1997.

平均值低于电脑组，这一差异同样不具备统计学上的显著性差异（$MD_{手机-电脑} = -1.88$，$P > 0.05$）。

（二）皮肤电反应

皮肤电是被试情绪唤醒（arousal）程度的评价指标。本书的 H2b 假设指出，相较于大屏电脑，被试使用小屏手机阅读信息内容时情绪的唤醒（arousal）程度更高，这一变化体现在皮肤电反应（skin conductance response）上。

图 4－3 所示的皮肤电变化曲线是所有被试在大屏的电脑或小屏的手机进行实验时皮肤电的平均值。横坐标表示时间（秒），纵坐标表示皮肤电变化值的平均值。

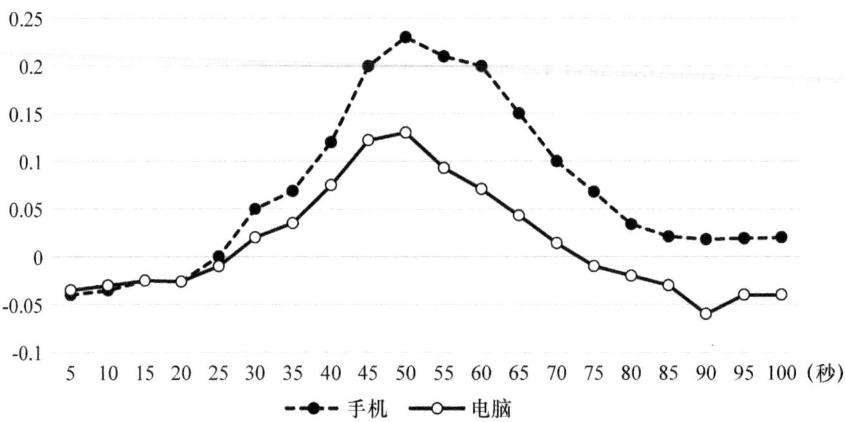

图 4－3　两种屏幕尺寸皮肤电随时间的变化图

已有研究表明，皮肤电反应值增长的幅度越大，说明被试的情绪唤起程度越高。[①] 在本实验中，我们将实验前 5s 平均皮肤电反应值的数据作为基线参考，得到如下结论：

（1）从图 4－3 中可以看出，图片呈现 25s 左右以后，手机组被试的皮肤电反应值增长较快，在 50s 左右达到最大值 0.23 微西门子；而电脑组被试的皮肤电反应值在图片呈现过程中增加则相对缓慢，在 50s 左右达到最大值 0.13 微西门子。这一差异的统计检验的结果显示，随着时间的

① Reeves, B., Lang, A., Kim, E. Y. & Tatar, D., "The Effects of Screen Size and Message Content on Attention and Arousal", *Media Psychology*, Vol. 1, No. 1, 1999, pp. 49－67.

变化，手机组和电脑组被试的皮肤电反应值差异显著，$F=1.99$，$P=0.023<0.05$。对两组被试观看20张图片的皮肤电反应值的平均值数据的统计检验结果（见表4－2）显示，媒介类型对皮肤电反应值有显著影响（$F=6.911$，$P<0.05$），其平均数差异 $MD_{手机-电脑}=0.053$，$P<0.001$，说明在小屏手机媒介上观看图片时的皮肤电反应值比在电脑上高，被试在小屏手机媒介上的情绪唤起程度高。

（2）从被试观看20张图片时皮肤电的平均值数据的统计检验结果（见表4－2）可以看出，皮肤电反应值的变化受图片类型影响的差异不显著（$F=0.001$，$P>0.05$）。具体来看，愉快的图片刺激使皮肤电反应值增加，$MD_{诱发-基线}=0.024$，$P>0.05$，差异不显著；悲伤的图片刺激使皮肤电反应值增加，$MD_{诱发-基线}=0.52$，$P>0.05$，差异不显著。

（3）表4－2方差检验的数据显示，图片类型和媒介类型对皮肤电反应存在交互作用，$F=2.419$，$P=0.028<0.05$。从具体的数值中可以看出，在愉快图片中，手机组皮肤电反应值显著高于电脑组，$MD_{手机-电脑}=0.488$，$P=0.026<0.05$；在悲伤图片中，手机组皮肤电反应值显著高于电脑组，$MD_{手机-电脑}=1.15$，$P=0.003<0.05$。

第五节　小结与讨论

本书的生理心理实验（心率测量和皮肤电反应测量）结果表明，两种图片类型的刺激导致被试心率降低，且手机组和电脑组存在差异，但该差异没有达到统计学上的显著水平；而两种图片类型的刺激导致被试皮肤电反应值增加，手机组和电脑组的差异都达到显著性水平。因此，可以说不同的媒介类型或屏幕变小（在本书中即为手机）都会引起受众注意和情绪唤起水平的增加，且这一变化对情绪唤起度的影响大于对注意的影响。图片类型和媒介类型的交互作用检验结果显示，当被试在手机（小屏设备）上观看具有较高情绪唤起度的信息内容（如灾难的、暴力的、性相关的等）时，会引起更大的情绪唤起度。

这一研究结果推广到实际应用中则可认为，信息内容在小屏媒介上对用户的情绪唤起度更大（不论是正面的情绪或是负面的情绪），也即是说同一信息内容在小屏媒介上的传播效果比在大屏媒介上的效果好。Lang等人对电视观众的注意力、信息加工能力和记忆力研究时就发现，镜头的切换会产生朝向反应（orienting response，OR），并引发自动信息处理机制，增加用户的记忆度。[①] 由于朝向反应是一种由外界变化所引发、非自愿的自动反应，若媒介可以引发自动的注意力反应，则可增加传播的效果。小屏媒介正是因其显示屏幕的变小，每一页可容纳的信息内容随之减少，用户在翻页过程中引发了自身的朝向反应，从而引起了注意力的增加。

已有研究表明，高情绪唤起度信息内容的记忆效果优于低情绪唤起度的。[②] 本实验的结果证实了被试在小屏媒介上情绪唤起度更高，由此可以推论，小屏媒介上的信息内容更容易引起被试的关注。Detenber 和 Reeves 在研究图片尺寸对大学生情绪反应的影响时就得出了类似的结论，他们认为同样的图片内容，被试在小尺寸的图片上花费的注意力比大尺寸的图片上多，因为信息内容被放大，大尺寸图片的浏览习惯更多的是“一晃而过”，而较小的图片则需要集中注意力以便记忆。[③] Green 和 Zillmann 的研究也发现了类似的结论，他们认为情绪唤起度的增加会引起被试对媒介所呈现内容关注度的增加，甚至会带来一些更激进的行为，例如购买冲动等。[④]

有研究表明，人们使用不同的媒介其情绪的唤起程度不同。当人们的情绪被唤醒到较高的水平时，转移到一个较大屏幕的媒介上可以分散人们的注意力，使情绪相对平稳，不易产生过激的行为[⑤]。这一研究结果和本实验的研究结果可以相互印证，即用户在小屏幕媒介上观看高唤起度的信息内容（如暴力、灾难、性等）时，引起更大的情绪唤起度。而在大屏幕上观看这类情节紧凑，本身就是高唤起度内容的节目时，情绪相对

① Lang, A., Geiger, S., Strickwerda, M. & Sumner, J., “The Effects of Related and Unrelated Cuts on Television Viewers’ Attention, Processing Capacity, and Memory”, *Communication Research*, Vol. 20, No. 1, 1993, pp. 4 - 29.

② Bradley, M. M., Greenwald, M. K., Petry, M. C. & Lang, P. J., “Remembering Pictures: Pleasure and Arousal in Memory”, *Journal of Experimental Psychology Learning Memory and Cognition*, Vol. 18, No. 2, 1992, pp. 379 - 390.

③ Detenber, B. H. & Reeves, B., “A Bio-Informational Theory of Emotion: Motion and Image Size Effects on Viewers”, *Journal of Communication*, Vol. 46, No. 3, 1996, pp. 66 - 84.

④ Green, R. G. & Zillmann, D., “Hostility and Aggression”, *R. Geen & E. Donnerstein Aggression Theoretical & Empirical Reviews*, Vol. 94, No. 1, 1979.

⑤ Meadowcroft, J. M. & Zillmann, D., “Women’s Comedy Preferences during the Menstrual Cycle”, *Communication Research An International Quarterly*, No. 14, 1987, pp. 204 - 218.

平稳。

由此，我们似乎可以得到这样的结论，就像用户会使用不同的广播频道收听不同类型的节目，同样的，不同媒介类型也逐渐形成了其专门的用途，如在影院的大银幕看电影，在电视上看新闻节目，在手机、平板电脑等便携可移动设备上看休闲娱乐或是那些通过移动互联网快速传递的突发事件。小屏媒介的推陈出新并不会让传统的银幕、荧屏媒介退出市场，它使得各种媒介各司其职，在内容、使用环境、使用人群的多重作用下逐渐形成了专门化的功能。就像 Reeves、Lang、Kim 和 Tatar 对屏幕尺寸和信息内容的交互影响的研究结论中所指出的，媒介的特性与信息的内容并没有直接的关联，但是它会对信息内容的生产产生一定的影响。从心理的角度来说，同样的内容在不同的媒介上呈现，人们的情绪和注意力都会不同。[①]

① Reeves, B., Lang, A., Kim, E. Y. & Tatar, D., "The Effects of Screen Size and Message Content on Attention and Arousal", *Media Psychology*, Vol. 1, No. 1, 1999, pp. 49 - 67.

第五章

视觉规律的研究：眼动的方法

第一节　实验目的

本实验旨在考察观看内容一定的前提下，通过变化呈现刺激材料的媒介（本实验中以手机和电脑为区分），找出被试在不同媒介上进行阅读时眼动指标的差异。本实验中，利用眼动仪记录被试观看刺激材料（以建筑广告为刺激材料）的眼动模式，如眼球路径、注视次数、眼跳情况等，以便了解用户在不同媒介上感兴趣或注意的空间位置及注意的转移过程等眼球运动规律，最后结合实验后的记忆测验和美感情绪评定表，客观地评价用户在不同媒介上浏览信息的视觉规律。

第二节　实验假设及实验变量

一　实验假设

基于上述实验目的，本实验围绕“不同媒介对受众阅读信息时眼球运动规律的影响”展开讨论，由此提出如下假设：

假设 H3：使用电脑和手机两种媒介浏览相同的信息时，个人感兴趣的区域和注意的过程存在差异，这种差异通过眼球的运动规律反应。

假设 H3a：被试使用手机观看广告的注视点持续时间大于电脑，说明用户对手机呈现的广告信息内容加工越深。

假设 H3b：被试使用手机观看广告时，注意力投入程度大于电脑，说明使用手机呈现广告更能让用户沉浸其中。

假设 H3c：被试使用手机观看广告的平均瞳孔面积大于电脑，说明手机上的广告更能引起用户的兴趣。

二　实验变量

自变量：①媒介类型——媒介类型根据不同的尺寸大小分为代表小屏的手机和代表大屏的电脑两种。选择这两种媒介作为代表的原因在于：手机是最常用的一种小屏媒介，也是移动互联网最典型的终端设备；而电脑是互联网的终端设备，虽然不比电影银幕或是电视荧幕大，但它具有互联网的特性，所以将电脑作为大屏终端的代表。②图文比例——本实验探讨同一版面内，图文所占比例的多少，是否会影响被试的眼动指标及美感偏好。

因变量：①眼动指标——被试浏览刺激材料的有关眼动指标，包括注视次数、注视点持续时间和平均瞳孔面积大小。②记忆程度——参考 Lee 和 Faber① 的实验设计，以被试答题的正确率，代表对所呈现内容的记忆程度。题目以单选的形式呈现，在分析中，答对记 1 分，答错记 0 分，最后计算所有被试答题的正确率，代表对该刺激物的记忆程度。③美感情绪——本书使用 Kim 等②归纳出的 30 个形容词，并参考 Anthony 等③所引用的英文翻译，将英文版本翻译成中文，译文经专家确认翻译无误。问卷采用李克特 7 分量表，要求被试者在观看完刺激物后，根据个人的美感情绪为其评分，分数越高表示越同意。

第三节　实验设计

一　方法

实验采用 2（媒介类型）×2（图文比例）的实验设计，其中媒介类

① Lee, M. & Faber, R. J., "Effects of Product Placement in On-Line Games on Brand Memory: A Perspective of the Limited-Capacity Model of Attention", *Journal of Advertising*, Vol. 36, No. 4, 2007, pp. 75 – 90.

② Kim, J., Lee, J. & Choi, D., "Designing Emotionally Evocative Homepages: An Empirical Study of the Quantitative Relations Between Design Factors and Emotional Dimensions", *International Journal of Human-Computer Studies*, Vol. 59, No. 6, 2003, pp. 899 – 940.

③ Faiola, A., Chin-Chang Ho, Mark, D., Tarrant, et al., "The Aesthetic Dimensions of U. S. and South Korean Responses to Web Home Pages: A Cross-Cultural Comparison", *International Journal of Human-Computer Interaction*, Vol. 27, No. 2, 2011, pp. 131 – 150.

型分别为电脑和手机两类，是被试间变量，每位被试只需要在其中一种媒介环境下进行实验；图文比例有两种，针对同一版型，设计两种不同图文比例的内容，其中在图的组别，图片所占面积为文字所占面积的一半，在图多的组别，则将前文图小组的图片放大 2 倍，为了避免实验误差，两个组别都使用同样的文字内容，图片也使用同一张进行设计。

二 被试

笔者在浙江大学论坛 CC98（http：//www. cc98. org）上招募 22 名健康的大学生［平均年龄为 22. 5 岁（M = 22. 5，SD = 2. 15）］，随机将他们分成电脑组和手机组（每组 11 名）。所有被试裸眼或矫正视力均达到 5. 0 以上，色觉正常，听力正常，无其他精神病史。每位被试在实验开始前已阅读《眼动实验被试知情书（协议书）》，在实验结束后可获得报酬。

三 刺激材料

本书以建筑广告作为刺激物，根据上述前测所得出的广告图片，按照既定的图文比例重新编排，图比例小的广告中图片所占整个广告面积比例约为文字总面积的一半，而图片比例大的广告中图片则为图片比例小的广告中图片面积的 2 倍。所有实验用的刺激物都使用 Adobe Photo Shop CS5 制作。

四 实验程序

本实验在浙江大学新媒体实验室进行，该实验室具有防噪声、防磁干扰的功能，能够保证实验对环境的要求，去除环境因素干扰对实验的影响。实验中有一名主试安排监控整个实验过程，每名被试的实验时间为 40 分钟左右。

被试进入实验室后，坐在一张舒适的沙发椅上，放松并熟悉实验室环境。同时，由主试介绍实验设备及实验的进行方式，消除被试者对实验的担忧、估计和心理抵触等情绪。实验分为三个部分，眼动实验、记忆测验和美感情绪评定。正式实验开始前，让被试先佩戴实验用仪器 tobii glasses 10 分钟，让被试习惯佩戴眼镜的感觉，尽量消除或减少被试的新奇感。

指导语：欢迎来参加我们的实验！请被试者选择一个舒适的坐姿，在实验过程中，请尽量不要大幅度前后移动或是回头、扭头等头部剧烈晃动；不能过于频繁地眨眼，如若感觉到不适或困倦时，请及时举手示意主试者。

实验过程中，每张图片呈现前，屏幕中央会出现一个红色十字凝视点，请务必看着十字凝视点，之后刺激图片就会自动出现。

实验结束后需要做两份问卷，一个是与图片内容相关的记忆效果测验，另一个则是对所呈现图片的美感情绪评定。感谢您的配合。

五　实验设备

本书采用瑞典 Tobii Technology 公司开发的 Tobii Glasses 眼动仪（见图 5-1），它可以在现实场景中高效采集受访者看到的场景和眼动追踪数据，随时随地捕捉人类行为。Tobii Glasses 眼镜式的超轻便设计，将摄像头和镜头融为一体，使得被试者没有沉重的实验记录心理压力；眼动追踪开始之前不需要调整摄像头及镜头，这提升了实验效率，降低了人为行为错误的风险，使被试者在实验过程中获得相对自由的自然活动而不会影响实验数据的准确性。可应用于基于现实场景或实物的定性及定量的眼动研究。

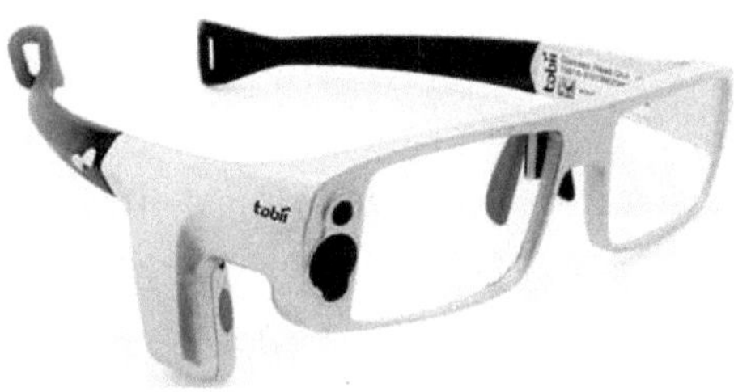

图 5-1　Tobii Glasses 眼动仪测试系统组件

眼动分析软件为 Tobii Studio，它可以用于收集眼球注视情况及其他即时数据资料，并对眼动状态进行实时的、全方位、多角度的数据记录和分析。可以对眼动仪收集的眼动信号进行回放、归纳、汇总、分类和迭加数据处理，导出可视化的注视点图、热点图和精确的眼跳数据（首视点时长、注视点个数等）。

为了屏蔽品牌对被试的影响，呈现新闻的电脑和手机均为苹果公司（Apple Inc.）的产品，电脑是屏幕大小为 13.3 英寸、屏幕分辨率为

1440×900 的 MacBook Air，手机是屏幕大小为 4 英寸、屏幕分辨率为 1136×640 的 iPhone 5s。

六 实验数据记录

被试在整个实验过程中都需要静坐在隔音、隔磁的实验室内独立完成，以减少数据记录的系统误差和偶然误差。

本书采用以下几个实验分析指标：

（一）注视点持续时间（average fixation duration）

注视点持续时间是指每个注视点的平均停留时间，单位为毫秒。这一指标通常用于反映所提取的信息的难易程度和认知复杂性，也代表用户的感兴趣程度，注视点持续时间越长被认为是用户处理信息深度越深，意味着用户对这一信息存在认知困难或是使用者对信息的兴趣度较高①，是体现注意力配置的指标。

（二）注意力投入程度

注意力投入程度是被试者注视点个数与造访次数的比值。人们第一次凝视兴趣区域到视线离开该区域外，即为一次造访。造访次数越多，表示该区域是有意义的区域。被试对广告某一区域的注视点个数与对该区域造访次数的比值，即为注意力投入程度。此数值越高，表示人们对该区域注意力的投入程度越高。②

（三）平均瞳孔面积大小（average fix pupil size）

瞳孔面积的大小反映了被试者在观看广告图片时对信息的需求程度，与人们对所呈现内容的兴趣程度有关。瞳孔面积变大，表示用户对所呈现的信息内容感兴趣。

实验时，Tobii Glasses 所记录的眼动情况以数据形式保存在 Display PC 内，并自动生成一个 EDF 数据包。实验完毕后，Tobii Sudio 数据分析软件将眼动数据和实际界面、声音、用户动作录像进行综合分析。其输出的数据主要包括：①热点图（hotspot），形象地分析注视点的集中趋势、停留时间等；②视线扫描路径（scanpath），呈现注视点的路径与直径变

① Just, M. A., Carpenter, P. A., "Using Eye Fixations to Study Reading Comprehension", *New Methods in Reading Comprehension Research*, 1984, pp. 151－182.

② Baloh, R. W., Sills, A. W., Kumley, W. E., et al., "Quantitative Measurement of Saccade Amplitude, Duration, and Velocity", *Neurology*, Vol. 25, No. 11, 1975, p. 1065.

化，用于分析单个用户操作行为规律；③兴趣区域（Area of Interest，AOI），分析平均注视时间、回溯性眼跳、区域间转移等指标，获得特定区域上的具体数据。

对所有的实验数据的处理全部用 SPSS 22.0 软件进行统计处理分析。在实验过程中，有些被试由于眼睛疲劳或其他原因，使眼动仪无法记录到数据或导致数据记录不准确，在进行结果分析时这些数据将被删除。

第四节　结果及分析

一　注视点持续时间

（一）重复测量方差分析

为了检验被试在观看广告图片时，图文比例的多少使得被试在不同媒介上观看广告注视点持续时间的差异，我们做了重复测量方差分析，结果如表 5 - 1 所示。

表 5 - 1　**注视点持续时间重复测量方差分析**

变异来源	*F* 值	Sig.
图文配比	10.162	0.000
媒介类型	10.020	0.000
图文配比 * 媒介类型	12.154	0.000

从表 5 - 1 可以看出，图文配比对被试在注视点持续时间的主效应显著，$F = 10.162$，$P = 0.000 < 0.05$；媒介类型对被试在注视点持续时间的主效应显著，$F = 10.020$，$P = 0.000 < 0.05$；图文配比和媒介类型的交互作用显著，$F = 12.154$，$P = 0.000 < 0.05$，说明手机组和电脑组在不同比例的图文广告条件下观看广告时在注视点持续时间上有显著差异。

（二）配对样本 *t* 检验

本实验的研究中，变化图文比例和媒介类型，得到两组广告图片的组合，由表 5 - 1 重复测量方差分析的结果我们知道，手机组和电脑组在不同图文比例的条件下观看广告时注视点持续时间的差异显著，通过配对样本 *t* 检验，考察被试对每种组合注视点持续时间的两两差异，结果如表 5 - 2 所示。

表 5－2　**注视点持续时间的配对样本 t 检验结果**

媒介类型	注视点持续时间			
	图片		文字	
	t 值	Sig.	t 值	Sig.
模式 1 手机 1—电脑 1	－0.370	0.003	－2.666	0.016
模式 2 手机 2—电脑 2	3.487	0.003	4.147	0.001

注：模式 1 是指图片比例小的广告模式；模式 2 是指图片比例大的广告模式。

从表 5－2 的统计结果中可以看到：

对于广告中的图片来说，模式 1（图片比例小的广告模式）的 t 值为 －0.370，说明被试使用手机观看广告时注视点持续时间的均值小于电脑，其相应的 P 值为 0.003，小于显著水平 0.05，高度显著，说明被试对于图片的注视点持续时间在手机和电脑上有显著差异，且电脑优于手机；模式 2（图片比例大的广告模式）的 t 值为 3.487，说明被试使用手机观看广告时注视点持续时间的均值大于电脑，其相应的 P 值为 0.003，小于显著水平 0.05，高度显著，说明被试对于图片的注视点持续时间在手机和电脑上有显著差异，且手机优于电脑。

对于广告中的文字来说，模式 1（图片比例小的广告模式）的 t 值为 －2.666，说明被试使用手机观看广告时注视点持续时间的均值小于电脑，其相应的 P 值为 0.016，小于显著水平 0.05，高度显著，说明被试对于文字的注视点持续时间在手机和电脑上有显著差异，且电脑优于手机；模式 2（图片比例大的广告模式）的 t 值为 4.147，说明被试使用手机观看广告时注视点持续时间的均值大于电脑，其相应的 P 值为 0.001，小于显著水平 0.05，高度显著，说明被试对于文字的注视点持续时间在手机和电脑上有显著差异，且手机优于电脑。

二　注意力投入程度

注意力投入程度是被试者注视点个数与造访次数的比值。

（一）重复测量方差分析

为了检验被试在观看广告图片时，图文比例的大小使得被试在不同媒介上观看广告注意力投入程度的差异，我们做了重复测量方差分析，结果如表 5－3 所示。

表 5-3　**注意力投入程度重复测量方差分析**

变异来源	F 值	Sig.
图文配比	10.150	0.000
媒介类型	3.471	0.022
图文配比 * 媒介类型	8.561	0.007

从表 5-3 可以看出，图文配比对被试注意力投入程度的主效应显著，$F=10.150$，$P=0.000<0.05$；媒介类型对被试注意力投入程度的主效应显著，$F=3.471$，$P=0.022<0.05$；图文配比和媒介类型的交互作用显著，$F=8.561$，$P=0.007<0.05$，说明手机组和电脑组在不同比例的图文广告条件下观看广告时的注意力投入程度有显著差异。

（二）配对样本 t 检验

本实验的研究中，变化图文比例和媒介类型，得到两组广告图片的组合。由表 5-3 重复测量方差分析的结果我们知道，手机组和电脑组在不同图文比例的条件下观看广告时注意力投入程度的差异显著，通过配对样本 t 检验，考察被试对每种组合注意力投入程度的两两差异，结果如表 5-4 所示。

表 5-4　**注意力投入程度的配对样本 t 检验结果**

媒介类型	注意力投入程度			
	图片		文字	
	t 值	Sig.	t 值	Sig.
模式 1 手机 1—电脑 1	-0.411	0.686	-2.071	0.053
模式 2 手机 2—电脑 2	2.631	0.017	0.485	0.634

注：模式 1 是指图片比例小的广告模式；模式 2 是指图片比例大的广告模式。

从表 5-4 的统计结果中可以看到：

对于广告中的图片来说，模式 1（图片比例小的广告模式）的 t 值为 -0.411，说明被试使用手机观看广告时注意力投入程度的均值小于电脑，其相应的 P 值为 0.686，大于显著水平 0.05，说明被试对于图片的注意力投入程度在手机和电脑上的差异不显著；模式 2（图片比例大的广告模式）的 t 值为 2.631，说明被试使用手机观看广告时注意力投入程度的均值大于电脑，其相应的 P 值为 0.017，小于显著水平 0.05，高度显著，说明被试对于图片的注意力投入程度在手机和电脑上有显著差异，且手机优于电脑。

对于广告中的文字来说，模式 1（图片比例大的广告模式）的 t 值为 -2.071，说明被试使用手机观看广告时注意力投入程度的均值小于电脑，其相应的 P 值为 0.053，临界显著，说明被试对于文字的注意力投入程度在手机和电脑上差异不十分明显；模式 2（图片比例大的广告模式）的 t 值为 0.485，说明被试使用手机观看广告时注意力投入程度的均值大于电脑，其相应的 P 值为 0.634，大于显著水平 0.05，说明被试对于文字的注意力投入程度在手机和电脑上的差异不显著。

三 平均瞳孔面积大小

平均瞳孔面积大小反映的是被试对所呈现的广告内容的兴趣程度，对被试观看图片时的平均瞳孔面积大小进行重复测量方差分析，以此来确定不同的图文比例分别在手机和电脑上呈现时，被试平均瞳孔面积大小之间的差异是一种偶然还是由于媒介类型的变化造成的。

从表 5-5 可以看出，图文配比对被试的平均瞳孔面积大小的主效应不显著，$F=1.400$，$P=0.253>0.05$，即被试在观看这两组图文比例不同的广告时，平均瞳孔面积大小差异不显著，说明图文配比对被试观看广告的瞳孔面积没有影响；媒介类型对被试的平均瞳孔面积大小的主效应不显著，$F=1.401$，$P=0.253>0.05$，即被试在不同的媒介上观看这两组广告时，平均瞳孔面积大小差异不显著，说明媒介类型对被试观看广告的瞳孔面积没有影响；图文配比和媒介类型的交互作用不显著，$F=0.619$，$P=0.606>0.05$，说明手机组和电脑组在不同比例的图文广告条件下观看广告时，被试的平均瞳孔面积大小没有显著差异。

表 5-5 **平均瞳孔面积大小重复测量方差分析**

变异来源	F 值	Sig.
图文配比	1.400	0.253
媒介类型	1.401	0.253
图文配比 * 媒介类型	0.619	0.606

四　实验总时间的比较

由于本实验是由被试自己控制观看图片的时间，所以每幅实验图片观看的总时间之间是存在差异的，为了检验这种差异是一种偶然，还是使用媒介的不同引起了被试注意力的变化，因而对实验总时间进行重复测量方差分析。我们认为，实验总时间越长，被试对广告信息加工越深，或是对广告内容越感兴趣。检验结果如表 5 - 6 所示。

表 5 - 6　**不同媒介类型实验总时间的重复测量方差分析**

变异来源	*F* 值	Sig.
媒介类型	2.347	0.027

由表 5 - 6 中 SPSS 的重复测量方差分析结果可知，不同媒介类型对实验总时间的影响显著，$F = 2.347$，其相应的 P 值为 0.027，小于 0.05 的显著水平，说明两种媒介类型之间存在差异。对手机组和电脑组被试实验的总时间进行配对样本 t 检验，检验结果如表 5 - 7 所示。

表 5 - 7　**实验总时间配对样本 t 检验**

媒介类型	实验总时间	
	t 值	Sig.
模式 1 手机 1—电脑 1	-1.312	0.048
模式 2 手机 2—电脑 2	5.062	0.000

注：模式 1 是指图片比例小的广告模式；模式 2 是指图片比例大的广告模式。

由表 5 - 7 的分析结果可知，模式 1（图片比例小的广告模式）的 t 值为 -1.312，说明被试使用手机观看广告时的实验总时间的均值小于电脑，其相应的 P 值为 0.048，临界小于显著水平 0.05，说明被试实验的总时间在手机和电脑上有显著差异，且电脑优于手机；模式 2（图片比例大的广告模式）的 t 值为 5.062，说明被试使用手机观看广告时的实验总时间的均值大于电脑，其相应的 P 值为 0.000，小于显著水平 0.05，高度显著，说明被试实验的总时间在手机和电脑上有显著差异，且手机优于电脑。

五　热图（heat map）

眼动热图表示被试在看刺激物时，视线停留时间的多少，是一个质化的指标。综观手机组和电脑组被试的眼动热图资料可以发现，在小尺寸（手机）中，轨迹分布多为大块式面积覆盖，这种覆盖尤其体现在文字上，方向多为从中间或稍偏左集中发散。在大尺寸（电脑）中，热图分布较为发散，在各行广告文字中均有分布。相较于手机，被试使用电脑观看广告时，比较容易受到视线上的引导，从热图中可以很明显地看到眼球运动随着阅读顺序变化的轨迹，而使用手机观看广告时，眼动热图则较为一致由中央或偏左的位置逐渐扩散开。

此外，本实验的刺激物广告分为图片比例大和图片比例小两种，其中图片比例小的广告中图片所占整个广告面积比例约为文字总面积的一半，而图片比例大的广告中图片则为图片比例小的广告中图片面积的两倍。整体来看，图片比例的大或小所引起的眼动热图并无明显差异。

六 美感情绪偏好问卷

（一）美感情绪分数及因子分析

眼动实验结束后，被试会重新用手机或电脑再看一次实验用广告图片，并一一为其在 30 个形容词上评分，以更进一步了解不同媒介类型及图文比例对被试带来了怎样的感知。美感情绪偏好问卷见附录三。

使用 SPSS 22.0 统计软件对被试美感情绪偏好问卷做因子分析（factor analysis），因子分析的主要功能是将众多变量中关系较为密切的变量重新组合，形成类目较少的几个因子，来描述所有变量的变化，也即是说通过因子分析找出各变量的共同因子，以避免变量之间的特征重复，进而求出所得因子的加权值，利用权数的大小将多个变量分组，以新的因子来解释各组的特性。

通过因子分析将本实验中 30 个形容词分组，以便更简单地描述不同媒介的特性，因子分析的结果如表 5 - 8 所示，表中阴影部分表示该区域形容词可划为一组。

表 5 - 8 所列的四组形容词，结果符合 Osgood 提出的三个因子，分别是评价性因子、活动性因子、力度性因子[①]；剩余一组命名为风格性因子，详细说明如下：

① Osgood, C. E., Suci, G. J., Jannenbaum, P. H., "The Measurement of Meaning", *University of Illinois Press*, 1957.

表 5－8　**30 个美感情绪形容词因子分析成分矩阵**

名称	形容词	因子			
		1	2	3	4
评价性因子	充满希望的	0.760	0.175	－0.084	0.158
	有前途的	0.741	0.305	－.031	－0.052
	受欢迎的	0.721	0.368	－0.176	0.147
	生动的	0.710	－0.125	0.096	0.058
	有力量的	0.690	0.244	0.167	－0.107
	色彩缤纷的	0.684	0.043	0.036	0.208
	鲜明的	0.682	0.319	－0.060	0.022
	迷人的	0.660	0.221	－0.234	0.412
	未来的	0.648	－0.056	0.319	－0.061
	强烈的	0.646	0.034	0.371	－0.090
	可爱的	0.645	0.068	0.022	0.271
	新鲜的	0.638	－0.183	0.250	0.218
	奢华的	0.638	0.150	0.078	0.220
	有用的	0.546	0.544	－0.188	－0.053
	明亮的	0.535	0.449	－0.129	0.100
	性感的	0.463	0.035	0.271	0.390
活动性因子	简单的	0.120	0.796	－0.118	0.088
	简朴的	－0.073	0.756	0.076	0.202
	静态的	－0.105	0.753	0.012	0.326
	冷静的	0.088	0.738	－0.003	0.292
	熟悉的	0.231	0.718	0.002	－0.208
	简洁的	0.258	0.710	－0.164	0.093
	常见的	0.005	0.709	－0.111	－0.278
	平衡的	0.352	0.620	－0.209	0.203
力度性因子	紧绷的	0.125	0.016	0.767	－0.200
	超现实的	0.441	－0.204	0.625	0.069
	模糊的	－0.213	－0.213	0.622	0.125
风格性因子	古典的	0.181	0.406	－0.096	0.650
	优雅的	0.510	0.391	－0.143	0.541
	神秘的	0.323	－0.013	0.482	0.490

1. 评价性因子

形容词：充满希望的、有前途的、受欢迎的、生动的、有力量的、色彩缤纷的、鲜明的、迷人的、未来的、强烈的、可爱的、新鲜的、奢华的、有用的、明亮的、性感的。

该组别中共有16个形容词，超过总数的一半，形容词整体来看基本为正面、偏向美感的词汇如鲜明的、色彩缤纷的、生动的、明亮的等，表达情绪的词汇像迷人的、有用的、有力量的等，表示被试认为在该媒介上观看广告不仅吸引人注意，也能让人产生正向的情绪。观察这些形容词皆属于评价性词汇，且形容词都带有正面情绪倾向，如可爱的、迷人的、受欢迎的等，都可以表示被试对刺激物的评价性。

2. 活动性因子

形容词：简单的、简朴的、静态的、冷静的、熟悉的、简洁的、常见的、平衡的。

这一组共8个形容词，偏美感的词汇如简洁的、简朴的、平衡的等，偏情绪的词汇如熟悉的、常见的、冷静的等，表示被试认为在该媒介上呈现的广告简单明了，却也给人熟悉和平衡之感。将这部分的形容词归纳为活动性因子，是因为这些形容词虽然有两个相反的面向，如“简洁”相对应的是“复杂”，但它却不像评价性因子一般有正负面之分，该组中的形容词主要是陈述动态或静态的感觉。

3. 力度性因子

形容词：紧绷的、超现实的、模糊的。

该组只有3个形容词，偏美感的是超现实的和模糊的，偏情绪的是紧绷的，这些形容词属于不同面向，将它们归纳为力度性因子，是代表被试者由观看而产生的力度强弱。

4. 风格性因子

形容词：古典的、优雅的、神秘的。

这一组也只有3个形容词，偏美感的如古典的和优雅的，偏情绪的如神秘的，将它们归纳为风格性因子，属于被试对刺激物的风格判断，同时也会因为个人先前的经验而有不同的观感。

（二）主效应分析

本实验中自变量媒介类型分为小屏幕的手机和大屏幕的电脑两种形式，自变量图文比例也有两种模式，即图比例小和图比例大，将它们分别组合得到“手机—图比例小”“手机—图比例大”“电脑—图比例小”“电脑—图比例大”四种模式。对这四种模式下的各个因子进行方差分析，结果说明如下：

1. 评价性因子

由表5－9评价性因子的方差检验结果可知，图文比例对被试美感情绪的主效应显著，$F=11.923$，$P=0.001<0.05$，而媒介类型的效应则不显著，$F=1.059$，$P=0.304>0.05$，图文比例和媒介类型不存在交互作用，$F=0.150$，$P=0.699>0.05$。

表5－9　**评价性因子的方差分析**

变异来源	F值	Sig.
媒介类型	1.059	0.304
图文比例	11.390	0.001
媒介类型*图文比例	0.150	0.699

2. 活动性因子

由表5－10活动性因子的方差检验结果可知，图文比例对被试美感情绪的主效应不显著，$F=0.128$，$P=0.720>0.05$，而媒介类型的效应显著，$F=4.598$，$P=0.000<0.05$，图文比例和媒介类型不存在交互作用，$F=1.609$，$P=0.205>0.05$。

表5－10　**活动性因子的方差分析**

变异来源	F值	Sig.
媒介类型	4.598	0.000
图文比例	0.128	0.720
媒介类型*图文比例	1.609	0.205

3. 力度性因子

由表5－11力度性因子的方差检验结果可知，图文比例对被试美感情绪的主效应显著，$F=15.357$，$P=0.000<0.05$，而媒介类型的效应则不显著，$F=0.127$，$P=0.722>0.05$，图文比例和媒介类型的交互作用显著，$F=10.392$，$P=0.001<0.05$。

表 5 - 11 **力度性因子的方差分析**

变异来源	F 值	Sig.
媒介类型	0.127	0.722
图文比例	15.357	0.000
媒介类型 * 图文比例	10.392	0.001

4. 风格性因子

由表 5 - 12 风格性因子的方差检验结果可知，图文比例对被试美感情绪的主效应不显著，$F = 0.171$，$P = 0.679 > 0.05$，媒介类型的效应也不显著，$F = 0.365$，$P = 0.546 > 0.05$，而图文比例和媒介类型的交互作用显著，$F = 7.547$，$P = 0.006 < 0.05$。

表 5 - 12 **风格性因子的方差分析**

变异来源	F 值	Sig.
媒介类型	0.365	0.546
图文比例	0.171	0.679
媒介类型 * 图文比例	7.547	0.006

从上述各个因子的方差分析中可以看出，图文比例的变化在评价性因子和力度性因子的单因子效应上都显著，媒介类型的变化仅在活动性因子的效应上显著，而媒介类型和图文比例的交互作用在力度性因子和风格性因子上有显著效应存在。

（三）交互作用分析

由于媒介类型和图文比例的交互作用在力度性因子和风格性因子上都有显著效应，因此，分别在这两个因子的维度下，对媒介类型和图文比例进行 t 检验。

图文比例组合的交互作用分析如表 5 - 13 所示，力度性因子和风格性因子的图文比例在媒介类型的 t 检验结果，4 种组合均达到显著水平（$P < 0.05$）。在力度性因子中，图片比例小的情境下，手机组在该因子得分的均值小于电脑组，而在图片比例大的情境下，手机组在该因子得分的均值大于电脑组；在风格性因子中，图片比例小的情境下，手机组在该因子得分的均值小于电脑组，而在图片比例大的情境下，手机组在该因子得

分的均值大于电脑组。

表 5 - 13　　力度性因子和风格性因子在图文比例组合的 t 检验

因子	图文比例	媒介类型	均值	标准误	F 值	事后检验
力度性因子	图小	手机	-0.242	0.067	3.886*	手机 < 电脑
		电脑	-0.039	0.078		
	图大	手机	0.261	0.077	5.330*	手机 > 电脑
		电脑	0.010	0.077		
风格性因子	图小	手机	-0.090	0.070	5.330*	手机 < 电脑
		电脑	0.053	0.078		
	图大	手机	0.125	0.073	4.310*	手机 > 电脑
		电脑	-0.102	0.082		

* 表示 F 值达到 0.05 的显著水平。

媒介类型组合的交互作用分析如表 5 - 14 所示，力度性因子和风格性因子的媒介形式在图文比例的 t 检验结果，两个因子都只有在媒介类型为手机的情境下达到显著水平（$P<0.05$）。在力度性因子中，媒介类型为手机的情境下，图片比例小的广告在该因子得分的均值小于图片比例大的广告，而当呈现的媒介为电脑时，这一差异不显著；在风格性因子中，媒介类型为手机的情境下，图片比例小的广告在该因子得分的均值小于图片比例大的广告，而当呈现的媒介为电脑时，这一差异不显著。

表 5 - 14　　力度性因子和风格性因子在媒介类型组合的 t 检验

因子	媒介类型	图文比例	均值	标准误	F 值	事后检验
力度性因子	手机	图小	-0.242	0.067	24.045**	图小 < 图大
		图大	0.261	0.077		
	电脑	图小	-0.039	0.078	0.193	
		图大	0.010	0.077		
风格性因子	手机	图小	-0.090	0.070	4.494*	图大 > 图小
		图大	0.125	0.073		
	电脑	图小	0.053	0.078	1.881	
		图大	-0.102	0.082		

* 表示 F 值达到 0.05 的显著水平；** 表示 F 值达到 0.001 的显著水平。

综上所述，在广告图片的设计编排中，当广告中图片比例较小时，用大屏幕的媒介呈现广告比用小屏幕的媒介得到相对高的力度性与风格性因子评价；当广告中图片比例较大时，用小屏幕的媒介呈现广告比用大屏幕的媒介得到相对高的力度性和风格性因子评价；当设计专属小屏幕媒介的广告时，图片比例高的设计会得到相对高的力度与风格性因子评价。

七　记忆程度

Singh、Rothschild & Churchill 指出，在实验研究中通常使用回忆程度和认知效果来评价广告效果，回忆程度是指对信息内容的记忆程度，一般以答题的正确率作为指标。[①] 因此，本书使用被试答题的正确率来衡量记忆度。为了了解被试在使用不同媒介观看不同图文比例的广告后，对广告内容的记忆程度，每位被试在实验结束后要进行关于广告内容的记忆效果评定问卷，问卷为单选题，每题四个选项，正确记 1 分，错误记 0 分，结果如图 5－2 所示。

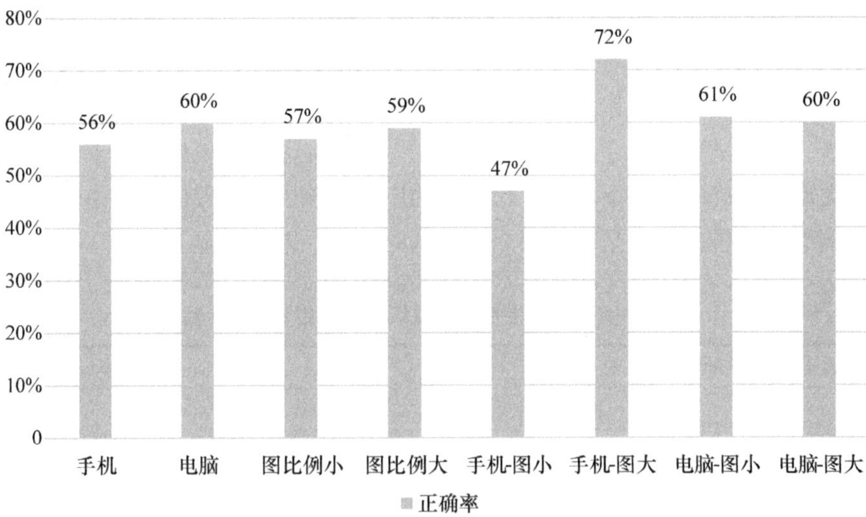

图 5－2　广告内容记忆度评定

① Singh, S. N., Rothschild, M. L. & Churchill, Jr, G. A., "Recognition Versus Recall as Measures of Television Commercial Forgetting", *Journal of Marketing Research*, Vol. 25, No. 1, 1988, pp. 72－80.

对所有被试的记忆效果评定问卷进行信度检验，Krippendorff Alpha 信度①均达到 0.8 以上，问卷研究信度得以保证。

由图 5－2 可以看出，在媒介类型部分，被试对小屏幕的手机媒介上呈现广告的记忆度低于大屏幕的电脑；在图文比例部分，被试对图片比例较大的广告的记忆度高于图片比例小的广告。若将媒介类型和图片比例综合考虑，对比本实验中四种模式的广告图片，结果为：手机—图大（72%）>电脑—图小（61%）>电脑—图大（60%）>手机—图小（47%）。

第五节　小结与讨论

本节重点在于分别陈述眼动实验、美感情绪以及记忆度三部分数据资料，且都对这三部分从媒介类型和图文比例两个变量进行分析。其中，眼动分析中以注视点持续时间、注意力投入程度、平均瞳孔面积大小以及实验总时间为指标；美感情绪评价中，将 30 个形容词使用因子分析，得出评价性因子、活动性因子、力度性因子和风格性因子四个分类，通过计算各因子的得分的均值来评价各变量对被试美感情绪的效应；在记忆度的部分，以被试实验后关于广告内容的记忆度测试问卷的答题正确率进行评价。

在眼动数据方面，本书采用 Tobii Glasses 眼镜式眼动仪，在尽可能接近真实使用场景的情况下，让被试使用不同的媒介观看图文比例不同的广告图片，其注视点持续时间、注意力投入程度和实验总时间的差异显著；而平均瞳孔面积大小的差异并不显著。具体来说：

（1）对于图片比例较大的广告，受众使用手机观看广告中图片内容的注视点持续时间、注意力投入程度显著大于电脑；对于图片比例较小的广告，则相应的广告中文字比例就相对较大，在这一情境下，受众使用手机观看广告中文字内容的注视点持续时间、注意力投入程度显著小于电脑。

（2）在瞳孔面积指标下，受众分别使用手机和电脑观看不同图文比

---

① Krippendorff, K., "Reliability in Content Analysis: Some Common Misconceptions and Recommendations", *Human Communication Research*, Vol. 30, No. 3, 2004, pp. 411－433.

例广告的平均瞳孔面积大小没有显著差异。瞳孔面积大小反映的是被试对所呈现的广告内容的兴趣程度，在本书选择广告刺激材料时，为了屏蔽购买力、专业程度等客观因素对实验的影响，以房屋建筑广告为图片刺激，以非建筑专业的同学为被试，这样的实验设计可能是造成该眼动指标没有显著差异的原因。

（3）对观看图片总时长的比较，有研究表明，被试对单张广告图片浏览时间越长，说明被试对广告信息加工越深，或是对广告内容越感兴趣。在本书中，对于图片比例大的广告，被试使用手机观看广告的实验总时间的均值显著大于电脑。

在美感情绪部分，从主效应分析中可发现，图文比例的变化在评价性因子和力度性因子的单因子效应上都显著，媒介类型的变化仅在活动性因子的效应上显著，而媒介类型和图文比例的交互作用在力度性因子和风格性因子上有显著效应存在。进一步的 t 检验结果显示，力度性因子和风格性因子仅在小屏幕的手机的情境下达到显著水平。设计专属小屏幕媒介的广告时，图片比例高的设计会得到相对高的力度性因子与风格性因子的评价。

在记忆度方面，就媒介类型而言，被试对小屏幕的手机媒介上呈现广告的记忆度（56%）低于大屏幕的电脑（60%）；而在图文比例部分，被试对图片比例较大的广告的记忆度高于图片比例小的广告。若将媒介类型和图片比例综合考虑，对比本实验中四种模式的广告图片，结果为：手机—图大（72%）＞电脑—图小（61%）＞电脑—图大（60%）＞手机—图小（47%）。由此可见，图片比例的扩大将有助于被试对广告内容的记忆；在同样文字内容的情况下，大屏幕会有比较多的空间排列资讯，被试更容易掌握资讯，进而有较高的记忆度。

结　语

> 这是最好的时代，这是最坏的时代；这是智慧的时代，这是愚蠢的时代；这是信仰的时期，这是怀疑的时期；这是光明的季节，这是黑暗的季节；这是希望之春，这是失望之冬；人们面前有着各种各样事物，人们面前一无所有；人们正在直登天堂，人们正在直下地狱。
>
> ——狄更斯《双城记》

每逢大的社会变革，狄更斯在《双城记》中的这段话总能成为该时代最好的注脚。随着技术的进步和发展，除手机之外的各种移动的、便携的、微小的新媒体技术正不断地涌现。譬如，VR（Virtual Reality）、可穿戴设备……虽然每一次每一个新载体的出现都会冲击或影响着旧的载体，最明显的影响就是造成"用户分流"。但是，并没有任何载体能够完全相互替代，这得益于各种载体差异化的生产机制、传播方式，以及带给用户错位化的体验，也决定了它们在商业回报上的异质化竞争。同时，信息资源的共享化，个体可以瞬间掌握世界各个角落的大小事情，可以和陌生人"促膝长谈"，任何人也可以在网络上随时造访自己，个体对多样群体与素昧平生的个体之间的交流将形成新的消费时尚，一种新型的媒介审美方式就这样产生了。

一　研究结论

为了解决"受众在移动互联网媒介上浏览信息的神经机制"的基本问题，考察受众使用移动互联网媒介时对信息的记忆度、关注度、感兴趣程度以及视觉浏览规律，本书结合传播学、实验心理学和认知神经科学，采用脑电、生理心理反应和眼球运动结合的实验方法，设计三组实验考察用户在使用移动互联网媒介时，在大脑认知、情绪反应、注意程度和眼动规律四个方面的变化，客观地评价受众在移动互联网媒介上浏览信息的脑神经机制和心理活动特征，探究受众在移动互联网媒介上浏览信息的神经机制、特征和规律。

本书在借鉴前人研究范式的基础上，以手机作为移动媒介的代表，并设立了以电脑为固定媒介的参照组，围绕“受众在移动互联网媒介上浏览信息的神经机制”设定了三个基本问题，并分别提出假设，设计对应的实验进行验证，验证情况如表6－1所示。

表6－1 **研究假设的验证情况**

<table>
<tr><th colspan="2">假设内容</th><th>实验结论</th></tr>
<tr><td>问题1</td><td>在电脑和手机两种媒介上浏览相同的信息内容时，受众对信息认知方式和记忆程度是否存在差异？</td><td></td></tr>
<tr><td>假设H1</td><td>使用电脑和手机两种媒介阅读相同的新闻信息时，大脑对听觉信息的自动加工过程存在显著差异，这种差异体现在听觉MMN上。</td><td rowspan="3">证实</td></tr>
<tr><td>假设H1a</td><td>使用电脑阅读过程中的MMN振幅的绝对值小于使用手机阅读时的MMN，说明手机更适合阅读。</td></tr>
<tr><td>假设H1b</td><td>被试在使用电脑和手机阅读过程中投入的注意力资源存在差异。</td></tr>
<tr><td>问题2</td><td>在电脑和手机两种媒介上浏览相同的信息内容时，受众的情绪反应和注意程度是否存在显著差异？</td><td></td></tr>
<tr><td>假设H2</td><td>使用电脑和手机两种媒介观看情绪图片时，个人情绪的唤醒水平和注意程度存在差异，这种差异体现在皮肤电反应和心率变化上。</td><td></td></tr>
<tr><td>假设H2a</td><td>在注意水平上，受众使用手机观看情绪图片时的心率比使用电脑观看时的心率慢，说明在手机上观看图片时受众的注意程度更高。</td><td>不显著</td></tr>
<tr><td>假设H2b</td><td>在唤醒上，受众使用手机观看情绪图片时交感神经的皮肤电反应大于使用电脑观看时交感神经的皮肤电反应，说明图片在手机上引起的情绪唤起度较高。</td><td>证实</td></tr>
<tr><td>问题3</td><td>在电脑和手机两种媒介上浏览相同的信息内容时，受众的视觉浏览规律是否存在显著差异？</td><td></td></tr>
<tr><td>假设H3</td><td>使用电脑和手机两种媒介观看广告图片时，个人感兴趣的区域和注意的过程存在显著差异，这种差异通过眼球的运动规律反应。</td><td></td></tr>
<tr><td>假设H3a</td><td>被试使用手机观看广告的注视点持续时间大于电脑，说明用户对手机呈现的广告信息内容加工越深。</td><td></td></tr>
</table>

续表

假设内容		实验结论
假设 H3b	被试使用手机观看广告时，注意力投入程度大于电脑，说明使用手机呈现广告更能让用户沉浸其中。	证实
假设 H3c	被试使用手机观看广告的平均瞳孔面积大于电脑，说明手机上的广告更能引起用户的兴趣。	不显著

本实验中，手机组被试和电脑组被试浏览信息时的 ERP 成分——MMN、皮肤电反应、眼动指标都有显著的差异，说明了受众在使用两种不同媒介浏览信息时大脑认知、情绪反应和视觉浏览规律的差异；而实验后的认知效果测验、美感情绪调研问卷的结果同样从主观的层面证实了被试在不同媒介上认知和情感方面的差异，多角度的视角揭示了两种媒介类型下受众认知差异、情绪差异、眼动差异和背后的神经机制。

（一）反"碎片化"：从认知均衡性和阅读时间来看，受众更青睐在手机端进行长篇阅读

本书基于脑认知层面的潜意识数据和美国皮尤研究中心（Pew Research Center）的调研数据共同指向了一个结论：阅读的"反碎片化"。

传统的研究认为，媒介技术和互联网络的发展改变了人们的阅读方式，传统的、纸质的、长篇的、深层化的阅读，已经转变为今天电子化、快餐化、浅层化的"碎片化"阅读。然而，阅读作为人们获取知识和信息的一种文化现象，"碎片化"的阅读方式受到越来越多学者的批判。美国科技作家尼古拉斯·卡尔（Nicholas Carr）认为："'碎片化'阅读方式的泛滥，使读者'丧失了深入阅读的能力，逐渐变成了知识信息的解码者，形成丰富的精神链接的能力被闲置。'"① 此外，很多学者都从经验现象的层面，描述了"碎片化"阅读对读者心态方面的影响，他们都认为"碎片化"阅读使读者以求快求新的心态，在短时间内通过搜索捕获较多的信息而获得心理愉悦和视觉快感，形成惰性化的依赖，从而难以形成理性的、批判性的、系统的知识体系。对人们的逻辑思维能力、理性思考能力和判断力构成挑战。

① ［美］尼古拉斯·卡尔：《浅薄：互联网如何毒化了我们的大脑》，刘纯毅译，中信出版社 2010 年版。

然而，现有的对“碎片化”阅读的批判几乎都是从现象层面进行的推导，缺乏对受众心理的研究。而本书从大脑的神经机制层面，证明了受众在手机上进行新闻阅读时会分配更多的注意力资源，且认知效果优于电脑，也就是说手机在认知和注意方面，有电脑不具备的优势，手机阅读的认知发生更加全面均衡。同时，结合皮尤研究中心 2016 年 5 月的数据，手机在物理特性方面的限制并没有使读者转向短篇阅读，读者在手机端阅读长篇新闻（1000 字以上）的平均阅读时间大于短篇新闻。这说明了用户在手机端上的阅读不局限于“碎片化”，深度阅读同样适合手机端。

本书的研究发现，在进行新闻阅读时，受众投入到信息处理上的注意力资源存在显著差异，手机阅读的认知发生更加全面均衡。从脑电研究结果来看，对受众而言，使用媒介的不同确实影响了受众对信息认知加工的方式和行为。已有研究表明，MMN 与大脑皮层对听觉感官信息的早期预处理活动——感觉记忆有关。MMN 反映了听觉皮层和邻近颞上回皮质的激活过程，即反映的是被试在进行作业任务时受干扰的程度，由此可反推其完成作业任务时的注意程度和信息认知过程。[①] 通过本书脑电实验的研究，可以得出受众在手机上阅读新闻过程中的 MMN 波幅大于在电脑上阅读的 MMN 波幅，这一差异在大脑的颞区、枕区和额区都有出现，具体表现为手机组在进行新闻阅读时的 MMN 波幅在 F3、FZ、F4、FC3、FCZ、FC4 电位都显著大于电脑组，其中以额中央区 FZ 位置的差异最明显。结合脑地形图变化规律，可以认为受众分别使用手机和电脑进行新闻阅读时，对信息的处理机制的确存在不同，受众在手机上阅读文字内容会分配更多的注意力资源，认知加工更加全面均衡。

美国皮尤研究中心 2016 年 5 月的研究报告 *Long-Form Reading Shows Signs of Life in Our Mobile News World*，对 30 个新闻网站的 1.17 亿条移动交互数据进行调查和整理，研究发现读者更愿意在手机端阅读长篇新闻（1000 字以上），具体表现为：读者长篇新闻的平均阅读时间大于短篇新闻；读者在 36% 的长篇新闻中投入了超过 2 分钟的时间，而这一比例在短篇新闻的阅读中仅有 10%，甚至还有超过 8% 的读者在长篇新闻的阅读中投入了 5 分钟以上的时间。此外，从单篇新闻平均访问量可以看出，长

① Jacobsen, T. & Schröger, E., “Is There Pre-attentive Memory-based Comparison of Pitch?” *Psychophysiology*, Vol. 38, No. 4, 2001, pp. 723 – 727.

篇新闻访问数量与短篇新闻相近，说明读者并没有因为手机在物理特性方面的限制而更青睐短篇文章（详细数据见表6－2）。[①] 所以，应该更注重新闻内容的生产。

表6－2　**皮尤研究中心手机端长、短篇新闻阅读情况对比**

	长篇新闻	短篇新闻
平均阅读时间	123秒	57秒
单篇新闻平均访问量	1530	1579
投入阅读时间超过2分钟的文章数占比	36%	10%

＊数据来源：皮尤研究中心。

（二）多屏共存：从情绪和注意层面来说，多屏共存，融合发展将更有益于传播效果的提升

从心率的指标来看，实验结果表明被试在手机和电脑上观看愉快的或是悲伤的图片都诱发了明显的朝向反应，导致了心率的降低，且降低的幅度手机组大于电脑组，但该差异没有达到统计学上的显著水平；从皮肤电反应的指标来看，被试在手机上观看高唤醒度的图片（如灾难的、暴力的、性相关的等）的皮肤电反应值显著高于电脑。已有研究表明，心率的降低意味着注意力的增加[②]；皮肤电反应值的绝对值越大，说明被试的情绪唤起程度越高[③]。由此可以得出，受众在手机上观看图片的注意程度和情绪唤起水平都高于电脑，且媒介类型的不同对情绪唤起度的影响大于注意程度。

Bradley等人研究发现，高情绪唤起度的信息内容的记忆效果优于低情绪唤起度的[④]，结合本书的实验结果，即被试在手机上观看图片的情绪唤起度更高，由此可以推论，手机上高唤醒度的信息内容更容易引起受众

---

① Amy Mitchell, Galen Stocking & Katerina Eva Matsa, "Long-Form Reading Shows Signs of Life in Our Mobile News World", Pew Research Center, 2016－05－05, http://www.journalism.org/2016/05/05/long-form-reading-shows-signs-of-life-in-our-mobile-news-world/.

② Lang, P. J., Bradley, M. M. & Cuthbert, B. N., "Motivated Attention: Affect, Activation, and Action", 1997, pp. 97－135.

③ Reeves, B., Lang, A., Kim, E. Y. & Tatar, D., "The Effects of Screen Size and Message Content on Attention and Arousal", *Media Psychology*, Vol. 1, No. 1, 1999, pp. 49－67.

④ Bradley, M. M., Greenwald, M. K., Petry, M. C. & Lang, P. J., "Remembering Pictures: Pleasure and Arousal in Memory", *Journal of Experimental Psychology Learning Memory and Cognition*, Vol. 18, No. 2, 1992, pp. 379－390.

的关注。Green 和 Zillmann 的研究也发现了类似的结论，他们认为情绪唤起度的增加会引起被试对媒介所呈现内容关注度的增加，甚至会带来一些更激进的行为，例如购买冲动等。[①] 而当人们的情绪被唤醒到较高的水平时，转移到一个较大屏幕的媒介上可以分散人们的注意力，使情绪相对平稳，不易产生过激的行为。[②]

这一研究和本实验的研究结果可以相互印证，即用户在移动小屏媒介上观看高唤起度的信息内容（如暴力、灾难、性等）时，引起更大的情绪唤起度。而在大屏幕上观看这类情节紧凑、本身就是高唤起度的内容节目时，情绪相对平稳。

将这些研究发现推广到实践，似乎可以得到这样的结论：受众对不同媒介上信息内容的情绪反应和注意程度会因信息内容本身而不同，就像用户会使用不同的广播频道收听不同类型的节目，同样的，不同的媒介类型也逐渐形成了其专门的用途，如在影院的大银幕看电影，在电视上看新闻节目，在手机等移动端进行休闲娱乐或是文字阅读。

这是一个 Kevin Kelly 所描述的“多屏时代”，从双屏（电视、电脑）到三屏（电视、电脑、平板电脑）、四屏（电视、电脑、平板电脑、手机），多屏时代潜移默化地改变着受众的视听习惯和生活方式。移动媒介的推陈出新并不会让传统的银幕、荧屏媒介退场，它使得各种媒介各司其职，在内容、使用环境、使用人群的多重作用下逐渐形成了专门的功能。因此，想要提高传播效果，应根据不同的媒介特性生产不同情绪效价的信息内容，多屏共存，融合发展。

（三）读图时代：从视觉规律来说，图片比例的扩大将有助于受众在手机上对广告内容的记忆

以往的研究表明，观者对广告图片凝视的轨迹透视了他们对广告内容的兴趣程度、关注点和视觉规律。[③] 视觉符号浅显的、生动的形象表意比

---

① Green, R. G. & Zillmann, D., “Hostility and Aggression”, *R. Geen & E. Donnerstein Aggression Theoretical & Empirical Reviews*, Vol. 94, No. 1, 1981.

② Meadowcroft, J. M. & Zillmann, D., “Women's Comedy Preferences During the Menstrual Cycle”, *Communication Research An International Quarterly*, Vol. 14, No. 2, 1987, pp. 204 – 218.

③ Williams, L. M., Loughland, C. M., Green, M. J., et al., “Emotion Perception in Schizophrenia: an Eye Movement Study Comparing the Effectiveness of Risperidone vs. Haloperidol”, *Psychiatry Research*, Vol. 120, No. 1, 2003, pp. 13 – 27.

文字更能快速地吸引受众。① 本书对受众观看广告图片眼动规律的研究，是读图时代的技术支撑。互联网时代，快节奏的生活以及海量的信息，使人们应接不暇。受众对信息的接收是有选择的，在此情况下，传播效果将必定受到影响。随着手机上网人群比例的逐年攀升，移动互联网媒介将成为兵家必争之地。本书的结论表明，图片比例的扩大将有助于受众在手机上对广告内容的记忆，同时在美感情绪方面，力度性因子与风格性因子的评价也会相对较高。这有利于在“眼球经济”的时代背景下，吸引受众的视线，提升传播效果。

在眼动规律方面，本书采用 Tobii Glasses 眼镜式眼动仪，在尽可能接近真实使用场景的情况下，探讨了受众分别在电脑和手机上观看广告图片的视觉规律，其中还加入了图文比例的变量进行考察。研究发现：

（1）对于图片比例较大的广告，受众使用手机观看广告中图片内容的注视点持续时间、注意力投入程度显著大于电脑；对于图片比例较小的广告，则相应的广告中文字比例就相对较大，在这一情境下，受众使用手机观看广告中文字内容的注视点持续时间、注意力投入程度显著小于电脑。

（2）在瞳孔面积指标下，受众分别使用手机和电脑观看不同图文比例广告的平均瞳孔面积大小没有显著差异。瞳孔面积大小反映的是被试对所呈现广告内容的兴趣程度，在本书选择广告刺激材料时，为了屏蔽购买力、专业程度等客观因素对实验的影响，以房屋建筑广告为图片刺激，以非建筑专业的同学为被试，这样的实验设计可能是造成该眼动指标没有显著差异的原因。

（3）对观看图片总时长的比较，有研究表明，被试对单张广告图片浏览时间越长，说明被试对广告信息加工越深，或是对广告内容越感兴趣。在本书中，对于图片比例大的广告，被试使用手机观看广告的实验总时间的均值显著大于电脑。

在美感情绪评价方面，力度性因子和风格性因子仅在手机的情境下达到显著水平。因此，在设计移动互联网媒介的广告时，图片比例高的设计会得到相对高的力度性因子与风格性因子的评价。

在记忆度方面，将媒介类型和图片比例综合考虑，对比本书中四种模

① 项国雄、吴美娜、胡莹：《“读图时代”的大众传播》，《社会科学战线》2004 年第 6 期。

式的广告图片，结果为：手机—图大（72%）>电脑—图小（61%）>电脑—图大（60%）>手机—图小（47%）。由此可见，图片比例的扩大将有助于被试对广告内容的记忆；在同样文字内容的情况下，较大屏幕会有比较多的空间排列资讯，被试更容易掌握资讯，进而有较高的记忆度。

二 研究价值

当今社会，人手一部手机的现实已经不可避免地改变了人们的生活方式、阅读方式乃至思维方式。人们可以随时随地通过移动互联网的连接在手机端进行娱乐、社交和碎片化阅读。嗅觉敏捷的业界已然快速对这一媒介形态的变化做出了反应，逐渐将移动终端作为其营销渠道和传播渠道，微电影、手机游戏、碎片化阅读以及各种手机 App 的出现就是业界对这一变化的回应。本书关于受众在移动互联网媒介上浏览信息的神经机制的研究就是从学理上、从受众的角度对这一媒介形态变化的探讨。鉴于手机的广泛应用性，本书的研究结论推广到整个移动互联网媒介层面，对其生产和传播模式提出如下建议：

（一）内容为王

对于手机新闻的生产者来说，新闻内容并非越短越好，充实的、丰富的长篇新闻更能引起受众的兴趣。

本书的研究发现，对于相同的新闻内容，受众使用手机进行阅读时对信息认知加工的能力优于电脑，从行为结果来看，手机上阅读的记忆效果优于电脑，可见，手机比电脑更适合长篇新闻阅读。同时，皮尤研究中心对手机端阅读偏好的研究表明，读者更愿意在手机端阅读长篇新闻（1000 字以上）。二者相互印证，给传统报纸、期刊等移动端的信息生产和传播方式以信心，即新媒体时代，并非完全被快餐化、碎片化和浅层化阅读模式充斥，精心准备的、内容丰富的新闻内容在手机端对受众更有吸引力。

（二）跨屏传播

对于生产者来说，应尽量根据不同的媒介特性，设置专门的、符合媒介特性的内容，从而获得更高的传播效果。

本书的研究发现，受众在手机上对高情感强度图片的关注度高、情绪唤起水平高。这也就是说，受众更愿意分配更多的注意资源和情感资源，Green 等人研究发现受众情绪唤起度和注意程度的提高可能会引起一些更激进的行为，例如购买冲动等。[①] 这种激进行为在手机端的信息传播中可以表现为受众对相关信息的分享和搜索，从而加快传播速度和增加传播效果。

此外，有研究发现，当人们的情绪被唤醒到较高的水平时，转移到一个较大屏幕的媒介上可以分散人们的注意力，情绪变得相对平稳。[②] 但遗憾的是，尚没有翔实的研究说明这种情绪和注意力的变化是由于媒介的切换引起的还是显示屏的变大引起的。但结合本书的这一发现和前人的研究结论，则是对当下跨屏传播现状的一个理论支撑，移动小屏媒介的推陈出新并不会让传统的银幕、荧屏媒介退出市场，它使得各种媒介各司其职，在内容、使用环境、使用人群的多重作用下逐渐形成了专门的功能。

三　研究不足与展望

本书采用美国 Neuroscan 公司生产的 Neuroscan 4.5 软硬件系统和 SynAmps2 脑电信号放大器，美国 BioPac 公司生产的 MP150 型多导生理记录仪和 BioPac 数据采集系统，以及瑞典 Tobii Technology 公司开发的 Tobii Glasses 眼动仪和 Tobii Studio 眼动分析软件作为实验仪器，用目前实验心理学研究中较为前沿的脑电分析、生理心理分析、眼动分析法从脑电波、交感神经系统的皮肤电反应和心率变化以及眼动规律三个方面探讨了受众使用移动互联网媒介浏览信息时大脑的认知过程、情绪状态、注意程度以及视觉规律。

对于由媒介形式的变化引起用户对信息内容的认知、情绪和注意等差异的定量研究在国内尚少，可以借鉴的经验和方法少，使得本书的研究存在一些问题和不足。

（1）本书的研究以手机和电脑分别代表移动媒介和固定媒介，屏幕尺寸分别为 4 英寸和 13.3 英寸，用实验对比的方法，从大脑认知、情绪以及心理方面考察了用户使用小屏媒介的惯习。这种设计毕竟是在实验室的环境下进行的模拟，然而，在实际的应用中，小屏媒介不仅仅只限于手机或是本书中所选用的尺寸，实验存在对其他尺寸小屏媒介的传播效果考

---

① Green, R. G. & Zillmann, D., "Hostility and Aggression", *R. Geen & E. Donnerstein Aggression Theoretical & Empirical Reviews*, Vol. 94, No. 1, 1979.

② Meadowcroft, J. M. & Zillmann, D., "Women's Comedy Preferences During the Menstrual Cycle", *Communication Research An International Quarterly*, Vol. 14, No. 2, 1987, pp. 204–218.

察不足的问题，同时实验室的环境可能会造成被试观看态度的差异。

（2）本书的研究在实验开始前会告知被试在实验结束后进行记忆测验，也即是指引被试实验是有目的地观看，因此被试会为了实验后答题的正确率，在实验中保持一个紧张的、高度注意的状态。许峻诚等人（2011）的研究指出，有目的地观看会对被试的视线轨迹、情绪状态造成差异。此外，由于每个人的关注点、兴趣点不同，对所呈现内容的记忆程度就会不一样，而本书中记忆程度的测量方式题量少，且所用被试的测试题相同，因此这种设计可能造成部分研究资料的偏颇。

（3）受到实验设备和分析软件的限制，没有对用户使用小屏媒介的注意和情绪的脑机制进行进一步的溯源分析，期望在以后的研究中将 ERP 技术与脑成像技术结合，更精确地对相关脑区进行定位。

（4）本书的研究被试均为在校大学生，平均年龄为 24 岁左右，而实际生活中媒介信息内容的传播对象是所有的网民，这就包括不同职业、不同年龄的群体。

在本书的基础上，进一步展开移动互联网媒介传播效果的研究设想：

（1）扩大样本选择范围，探讨不同年龄段、不同文化背景的受众对移动互联网媒介在认知、情绪和视觉浏览规律方面的特征。

（2）扩展实验范式，在今后的研究中可以更多地考虑移动互联网媒介本身的特征，采用 fMRI 更为精准的神经科学工具，设计更丰富的刺激材料和更为仿真的实验情境，明确更多的神经机制对移动互联网媒介传播效果的影响。

附录一

认知效果评定测验问卷[①]

编号：________

亲爱的同学：

您好！

再次感谢您参加我们的实验，最后希望您能完成实验的最后一步，也就是本问卷调查。该信息仅用作学术研究，无任何其他用途。非常感谢您的参与！

请您根据刚才的新闻内容，凭第一印象作答。

1. 该新闻的来源是哪里：(　　)

A. 人民日报　　B. 共产党员网

C. 基层干部　　D. B 和 C

2. 该新闻中总共提了多少个关于“两学一做”的问题：(　　)

A. 22 个　　B. 25 个

C. 20 个　　D. 21 个

3. 中国共产党党员的数量大概是多少：(　　)

A. 9000 万　　B. 8700 万

C. 8500 万　　D. 9800 万

4. “两学一做”学习教育由谁领导：(　　)

A. 中央组织部　　B. 中央宣传部

C. 中央党校　　D. 中央政治局常委会

① 2022 年调查问卷。

以下是判断题：

6. “两学一做”的内容是：学党章党规，学系列讲话，做合格党员。(　　)

7. “七一”前后，党支部要结合开展庆祝中国共产党成立 101 周年活动，集中安排一次党课。(　　)

附录二

情绪体验自我报告单

姓名________ 性别________ 年龄________ 专业________

请根据您现在的情绪状态填写下表，并评估情绪的等级。其中，0 代表没有产生这一情绪状态，8 代表这一情绪非常强。请在对应您情绪状态程度的数字下打“√”。

请您如实填写，这对我们的实验很重要，谢谢您的配合！

		无	中等							非常强
1	愉快	0	1	2	3	4	5	6	7	8
2	惊奇									
3	恐惧									
4	厌恶									
5	悲伤									
6	愤怒									
7	中性									

附录三

美感情绪偏好问卷

姓名________ 性别________ 年龄________ 专业________

这是一份关于移动广告的美感情绪的调查问卷，请您再看一次实验用广告图片，并根据对该广告图文比例和呈现媒介的真实感受回答以下问题，共有30个形容词，分数由1到7分，越低代表越不同意。请注意，评分与图片上文字及图片无关。

		完全不同意			一般同意			非常同意
1	迷人的	1	2	3	4	5	6	7
2	平衡的	1	2	3	4	5	6	7
3	明亮的	1	2	3	4	5	6	7
4	冷静的	1	2	3	4	5	6	7
5	古典的	1	2	3	4	5	6	7
6	色彩缤纷的	1	2	3	4	5	6	7
7	简洁的	1	2	3	4	5	6	7
8	常见的	1	2	3	4	5	6	7
9	可爱的	1	2	3	4	5	6	7
10	奢华的	1	2	3	4	5	6	7
11	优雅的	1	2	3	4	5	6	7
12	熟悉的	1	2	3	4	5	6	7
13	新鲜的	1	2	3	4	5	6	7
14	未来的	1	2	3	4	5	6	7
15	充满希望的	1	2	3	4	5	6	7

续表

		完全不同意	一般同意					非常同意
16	神秘的	1	2	3	4	5	6	7
17	简朴的	1	2	3	4	5	6	7
18	受欢迎的	1	2	3	4	5	6	7
19	有力量的	1	2	3	4	5	6	7
20	有前途的	1	2	3	4	5	6	7
21	性感的	1	2	3	4	5	6	7
22	鲜明的	1	2	3	4	5	6	7
23	简单的	1	2	3	4	5	6	7
24	静态的	1	2	3	4	5	6	7
25	强烈的	1	2	3	4	5	6	7
26	超现实的	1	2	3	4	5	6	7
27	紧绷的	1	2	3	4	5	6	7
28	模糊的	1	2	3	4	5	6	7
29	有用的	1	2	3	4	5	6	7
30	生动的	1	2	3	4	5	6	7

参考文献

学术专著

段永朝：《互联网：碎片化生存》，中信出版社 2009 年版。

高邦仁、王煜金：《流动的世界——奔向移动互联网时代的生活》，清华大学出版社 2010 年版。

黄河：《手机媒体商业模式研究》，中国传媒大学出版社 2011 年版。

黄瑞玲、肖尧中：《现代人际传播视野中的手机传播研究》，吉林大学出版社 2010 年版。

靖鸣、刘锐：《手机传播学》，新华出版社 2008 年版。

匡文波：《手机媒体概论》，中国人民大学出版社 2006 年版。

李丹丹：《手机新媒体概论》，中国电影出版社 2010 年版。

李思屈：《传媒产业化时代的审美心理》，浙江大学出版社 2008 年版。

李泽厚：《美的历程》，生活·读书·新知三联书店 2009 年版。

刘德寰：《正在发生的未来——手机人的族群与趋势》，机械工业出版社 2012 年版。

欧阳友权：《数字化语境中的文艺学》，中国社会科学出版社 2005 年版。

秦俊香：《影视艺术心理学》，中国广播电视出版社 2009 年版。

田青毅、张小琴：《手机：个人移动多媒体》，清华大学出版社 2009 年版。

王萍：《传播与生活：中国当代社会手机文化研究》，华夏出版社 2008 年版。

晓白、朝西、曾帅：《我手机——手机和它命名的时代》，广东教育出版社 2009 年版。

赵仑：《ERPs 实验教程》，东南大学出版社 2010 年版。

中国社会科学院外国文学研究所《文艺理论译丛》编辑委员会：《文艺理论译丛》（第一期），中国文联出版公司 1983 年版。

中国通信学会组编：《对话移动互联网》，人民邮电出版社 2010 年版。

朱滢：《实验心理学》，北京大学出版社 2000 年版。

宗白华：《美学与意境·谈技术美学》，江苏文艺出版社 2008 年版。

中共中央马克思恩格斯列宁斯大林著作编译局：《列宁专题文集：论辩证唯物主义和历史唯物主义》，人民出版社 2009 年版。

［奥］格拉尔德·赖施尔、海因茨·苏恩德：《第四个“W”——移动电话的妙用》，赵远方译，新华出版社 2001 年版。

［奥］西格蒙德·弗洛伊德：《梦的解析》，彭润金译，京华出版社 2000 年版。

［德］马克思、恩格斯：《共产党宣言》，中央编译出版社 2005 年版。

［加］埃里克·麦克卢汉：《麦克卢汉精粹》，何道宽译，南京大学出版社 2000 年版。

［加］哈罗德·伊尼斯：《传播的偏向》，何道宽译，中国人民大学出版社 2003 年版。

［加］马歇尔·麦克卢汉：《理解媒介——论人的延伸》，何道宽译，商务印书馆 2000 年版。

［美］保罗·莱文森：《莱文森精粹》，何道宽译，中国人民大学出版社 2007 年版。

［美］保罗·莱文森：《软边缘——信息革命的历史与未来》，熊澄宇等译，清华大学出版社 2002 年版。

［美］保罗·莱文森：《手机：挡不住的呼唤》，何道宽译，中国人民大学出版社 2004 年版。

［美］大卫·阿什德：《传播生态学：控制的文化范式》，邵志泽译，华夏出版社 2003 年版。

［美］丹尼尔·卡尼曼：《思考，快与慢》，胡晓姣、李爱民、何梦莹译，中信出版社 2012 年版。

［美］杰拉尔德·埃德尔曼、朱利欧·托诺尼：《意识的宇宙》，顾凡及译，上海科学技术出版社 2004 年版。

［美］杰拉尔德·扎尔特曼：《客户如何思考》，李华飚、李旭晟、李水根

译，机械工业出版社 2004 年版。

［美］列纳德·蒙洛迪诺：《潜意识：控制你行为的秘密》，赵崧惠译，中国青年出版社 2013 年版。

［美］罗杰·菲德勒：《媒介形态变化：认识新媒介》，明安香译，华夏出版社 2000 年版。

［美］迈克尔·海姆：《人机相伴：海德格尔和麦克卢汉》，王青译，《社会科学辑刊》2014 年第 4 期。

［美］曼纽尔·卡斯特著：《网络社会的崛起》，夏铸九译，社会科学文献出版社 2003 年版。

［美］尼古拉斯·卡尔：《浅薄：互联网如何毒化了我们的大脑》，刘纯毅译，中信出版社 2010 年版。

［美］尼古拉斯·尼葛洛庞帝：《数字化生存》，胡泳、范海燕译，海南出版社 1997 年版。

［美］尼尔·波兹曼：《娱乐至死》，章艳译，广西师范大学出版社 2011 年版。

［美］托马斯·库恩：《科学革命的结构》，金吾伦、胡新和译，北京大学出版社 2003 年版。

［美］扎克·林奇：《第四次革命——看神经科技如何改变我们的未来》，暴永宁、王惠译，科学出版社 2011 年版。

［英］特里·伊格尔顿：《后现代主义的幻象》，华明译，商务印书馆 2000 年版。

学位论文

李勇：《媒介时代的审美问题研究》，博士学位论文，河南大学，2008 年。

施懿芳：《行动广告版面设计对眼球运动与美感情绪影响的研究行为》，博士学位论文，台湾交通大学传播研究所，2013 年。

舒良超：《基于决策神经科学的不确定决策机理研究》，博士学位论文，浙江大学，2009 年。

期刊文章

陈伟军：《网络游戏的艺术表征与叙事路径》，《现代传播》（中国传媒大学学报）2015 年第 11 期。

陈响园、滕小娟:《网络游戏对文艺的分流及其美学异化》,《甘肃社会科学》2014 年第 6 期。

程远州、杜骏飞:《移动互联终端:“第四屏”的传播特性及其影响》,《广告大观·综合版》2011 年第 3 期。

杜建华:《“微”时代:表现、特征及传统媒体的着力点——以纸媒体为例》,《新闻大学》2015 年第 2 期。

樊自甫、万晓榆、管文明:《未来无限移动互联网技术的发展探讨》,《电讯技术》2003 年第 5 期。

方春晖:《移动互联网业务运营思考与建议》,《信息网络》2010 年第 8 期。

冯宜、汤莉萍:《3G 时代手机媒体把关机制分析》,《当代传播》2012 年第 5 期。

高小康:《从微时代到 APP:后—后现代美学的互空间性》,《文艺研究》2016 年第 2 期。

郭琳:《多屏时代的媒体受众分析——从媒介融合背景下受众角色的转变谈起》,《电视研究》2010 年第 8 期。

何宝宏:《从固定互联网到移动互联网》,《信息通信技术》2010 年第 4 期。

何其聪等:《移动互联用户的媒介接触:行为特征及研究范式》,《新闻记者》2014 年第 12 期。

胡世良:《移动互联网发展的八大特征》,《信息网络》2010 年第 8 期。

胡智锋:《微时代的艺术生产与传播——以影视艺术为例》,《探索与争鸣》2014 年第 7 期。

金定海、江南春、吴晓波、张惠辛:《讨论:多屏化数字整合传播》,《中国广告》2008 年第 5 期。

蒋璐:《“微时代的文化与艺术”会议综述》,《文艺研究》2014 年第 7 期。

荆其诚:《国外眼动的应用研究》,《心理科学通讯》1964 年第 1 期。

匡文波:《论手机媒体》,《国际新闻界》2003 年第 3 期。

匡文波:《Web2.0 的反思》,《国际新闻界》2009 年第 3 期。

匡文波、王权:《手机媒体发展的三大趋势》,《传媒》2010 年第 5 期。

赖建荣、黄柏晴:《荧幕尺寸对阅读绩效与视觉疲劳之影响》,《人因工程学刊》2005 年第 7 期。
雷震洲：《移动终端贵在移动》，《世界电信》2009 年第 8 期。
李雷：《“微时代”的文艺生产与审美接受》，《社会科学辑刊》2015 年第 4 期。
李思屈：《传媒运作与日常生活的三重结构》，《西南民族大学学报》（人文社科版）2005 年第 3 期。
李思屈：《当代传播符号学发展的三种趋势》，《国际新闻界》2013 年第 6 期。
李思屈、关萍萍：《传媒业的产业融合与传播符号学的新视域》，《浙江大学学报》（人文社会科学版）2009 年第 2 期。
刘昌华、张巧琳：《试论未来的移动互联网技术》，《武汉工业学院学报》2004 年第 3 期。
刘德寰、郑雪：《手机互联网的数字鸿沟》，《现代传播》（中国传媒大学学报）2011 年第 1 期。
刘东明：《移动互联网发展分析》，《信息通信技术》2010 年第 4 期。
刘晗：《论网络艺术的美学精神》，《江西社会科学》2004 年第 7 期。
刘鹏：《从“单屏”到“多屏”——新媒体时代电视新闻节目的创新探索》，《记者摇篮》2015 年第 4 期。
罗军舟、吴文甲、杨明：《移动互联网：终端、网络与服务》，《计算机学报》2011 年第 11 期。
马庆国、王小毅：《认知神经科学、神经经济学与神经管理学》，《管理世界》2006 年第 10 期。
慕玲：《多屏传播背景下的受众收视研究》，《现代传播》（中国传媒大学学报）2015 年第 4 期。
聂静虹：《论政治传播中的议题设置、启动效果和框架效果》，《政治学研究》2012 年第 5 期。
聂庆璞：《传播媒介的嬗变与网络文学的发展》，《贵州社会科学》2008 年第 10 期。
欧阳友权：《网络艺术的后审美范式》，《三峡大学学报》（人文社会科学版）2003 年第 1 期。
潘忠党：《反思、思维的独立和研究真问题》，《新闻大学》2008 年第 2 期。

苏状、马凌：《屏幕媒体视觉传播变革研究》，《南京社会科学》2014 年第 8 期。

隋雪、李立洁：《眼球运动研究概况》，《辽宁师范大学学报》（社会科学版）2003 年第 1 期。

宋健、刘敏、苗丹民：《36h 睡眠剥夺对非意识 - 意识转化影响的事件相关电位研究》，《中华行为医学与脑科学杂志》2009 年第 9 期。

宋维：《浅析移动互联网》，《中小企业管理与科技（下旬刊）》2010 年第 8 期。

唐大仑、庄贤智：《由眼球追踪法探索电子报版面中图片位置对注意力分布之影响》，《广告学研究》2005 年第 24 期。

田静：《手机媒体移动性的时空解析》，《新闻大学》2015 年第 2 期。

丁晓君、周昌乐：《审美的神经机制研究及其美学意义》，《心理科学》2006 年第 5 期。

汪民安：《手机：身体与社会》，《文艺研究》2009 年第 7 期。

王德胜：《“微时代”的美学》，《社会科学辑刊》2014 年第 5 期。

王惠民、崔秋耕：《利用肌电反馈技术进行心理控制训练研究》，《体育科学》1991 年第 4 期。

王明会：《移动互联网技术及应用热点浅析》，《信息通信技术》2010 年第 4 期。

魏景汉：《仿同时刺激延迟反应模式及其在 ERP 研究中的作用》，《心理学动态》1995 年第 4 期。

吴飞：《传播学研究的自主性反思》，《浙江大学学报》（人文社会科学版）2009 年第 2 期。

吴伟、王志勤：《移动互联网技术标准》，《中兴通讯技术》2009 年第 4 期。

项国雄、吴美娜、胡莹：《“读图时代”的大众传播》，《社会科学战线》2004 年第 6 期。

向文杰：《移动互联网发展的回顾与展望》，《电信技术》2009 年第 1 期。

肖慧君：《狂欢与重构——论网络艺术中的酒神精神》，《宁夏社会科学》2005 年第 1 期。

谢萌：《3G 时代移动互联网展望》，《科技和产业》2009 年第 3 期。

幸小利：《新媒体环境下的受众研究范式转换与创新》，《国际新闻界》

2014 年第 9 期。
徐洁:《心理实验室中眼动仪的原理与应用》,《实验室科学》2009 年第 3 期。
徐景波、孟昭兰、王丽华:《正负性情绪的自主生理反应实验研究》,《心理科学》1995 年第 3 期。
杨光:《微媒介与“微生活”中的审美》,《社会科学辑刊》2016 年第 2 期。
杨宏宇、林文娟:《国际情绪图片系统在中国诱发正性和负性情绪反应的研究》,《中国行为医学科学》2005 年第 11 期。
佚名:《Google 研究:“多屏”时代消费者行为》,《通信世界》2012 年第 37 期。
殷晓蓉:《互联网的发展对主流意识形态的影响及对策》,《新闻大学》2000 年第 3 期。
中国人民大学传播与认知科学实验室:《媒介即信息:一项基于 MMN 的实证研究——关于纸质报纸和电纸书报纸的脑认知机制比较研究》,《国际新闻界》2010 年第 11 期。
余丽蓉:《手机媒体的传播失范与监管对策》,《当代传播》2011 年第 3 期。
庾志成:《移动互联网的发展现状和发展趋势》,《移动通信》2008 年第 9 期。
袁靖华:《论移动微屏传播时代的影视生态变革》,《鄱阳湖学刊》2015 年第 2 期。
张红军:《论多屏时代电视内容生产和传播策略》,《中国出版》2015 年第 14 期。
张红玲:《多屏时代的受众重构与传播形态研究》,《新闻爱好者》2014 年第 4 期。
张宏科:《移动互联网络技术的现状与未来》,《电信科学》2004 年第 10 期。
张建、林雪涛:《3G 时代手机媒体的审美特征》,《新闻界》2011 年第 3 期。
张晶、陈曼冬:《媒介数字化的审美体验转换》,《社会科学战线》2008 年第 3 期。

张明岛、陈兴时：《事件相关电位研究新进展——失匹配负波》，《神经病学与神经康复学杂志》2009 年第 4 期。

张纾舒：《多屏传播：电视媒体的挑战还是机遇》，《青年记者》2015 年第 32 期。

张纾舒：《小屏微传播：新媒体时代的媒介生态变革》，《教育传媒研究》2016 年第 4 期。

赵晓红：《有关移动互联网的研究观察》，《技术与市场》2015 年第 6 期。

赵新灿、左洪福、任勇军：《眼动仪与视线跟踪技术综述》，《计算机工程与应用》2006 年第 12 期。

中国互联网络信息中心：《第 51 次中国互联网络发展状况统计报告》，https：//cnnic.cn/n4/2023/0302/c199 – 10755.html，2023 年 3 月 2 日。

周小普、韩瑞娜、凌姝：《多屏发展背景下网络收视度的影响因素研究——以热播电视剧为例》，《国际新闻界》2014 年第 12 期。

庄雅茹、杨炽能、蔡慧贞：《小荧幕动态文字呈现方式与阅读效率之研究》，资讯管理学术与实务研讨会论文，台北，2006 年。

Alain, C., Achim, A. & Woods, D. L., "Separate Memory-Related Processing for Auditory Frequency and Patterns", *Psychophysiology*, Vol. 36, No. 6, 1999.

Amy Mitchell, Galen Stocking & Katerina Eva Matsa, "Long-Form Reading Shows Signs of Life in Our Mobile News World", *Pew Research Center*, http: //www.journalism.org/2016/05/05/long-form-reading-shows-signs-of-life-in-our-mobile-news-world/, 2016 – 05 – 05.

Baloh, R. W., Sills, A. W., Kumley, W. E., et al., "Quantitative Measurement of Saccade Amplitude, Duration, and Velocity", *Neurology*, Vol. 25, No. 11, 1975.

Besle, J., Fort, A. & Giard, M. H., "Is the Auditory Sensory Memory Sensitive to Visual Information?", *Experimental Brain Research*, Vol. 166, No. 3 – 4, 2005.

Beymer, D., Orton, P. Z. & Russell, D. M., "An Eye Tracking Study of How Pictures Influence Online Reading", *Human-Computer Interaction-INTERACT* 2007: 11*th*, *IFIPTC 13 International Conference*, Rio de Janeiro, Brazil, September 10 – 14, 2007, Proceedings, Part II 11. Springer Berlin

Heidelberg, 2007.

Bin, G. Y., Gao, X. R., Yan, Z., Hong, B. & Gao, S. K., "An Online Multi-channel SSVEP-based Brain-Computer Interface Using a Canonical Correlation Analysis Method", *Journal of Neural Engineering*, Vol. 6, No. 4, 2009.

Bradley, M. M., "NaturalSelective Attention: Orienting and Emotion", *Psychophysiology*, Vol. 46, No. 1, 2009.

Bradley, M. M. & Lang, P. J., "Measuring Emotion: The Self-assessment Manikin and the Semantic Differential", *Journal of Behavior Therapy & Experimental Psychiatry*, Vol. 25, No. 1, 1994.

Bradley, M. M., Greenwald, M. K., Petry, M. C. & Lang, P. J., "RememberingPictures: Pleasure and Arousal in Memory", *Journal of Experimental Psychology Learning Memory and Cognition*, Vol. 18, No. 2, 1992.

Buchanan, T. W., Al'Absi, M. & Lovallo, W. R., "Cortisol Fluctuates with Increases and Decreases in Negative Affect", *Psychoneuroendocrinology*, Vol. 24, No. 2, 1999.

Cacioppo, J. T., Gardner, W. L. & Berntson, G. G., "The Affect System Has Parallel and Integrative Processing Components", *Journal of Personality & Social Psychology*, Vol. 76, No. 5, 1999.

Chaparro, B. S., Owens, J. W. & Shrestha, S., "How Do Users Browse a Portal Website? An Examination of User Eye Movements", *Usability News*, Vol. 10, No. 2, 2008.

Chesebro, J. W. & Bertelsen, D. A., *Analyzing Media: Communication Technologies as Symbolic and Cognitive Systems*, New York: The Guilford Press, 1996.

Coull, J. T., "Neural Correlates of Attention and Arousal: Insights from Electrophysiology, Functional Neuroimaging and Psychopharmacology", *Progress in Neurobiology*, Vol. 55, No. 4, 1998.

Detenber, B. H. & Reeves, B., "A Bio-Informational Theory of Emotion: Motion and Image Size Effects on Viewers", *Journal of Communication*, Vol. 46, No. 3, 2010.

Duchnicky, R. L. & Kolers, P. A., "Readability of Text Scrolled on Visual

Display Terminals as a Function of Window Size", *Human Factors the Journal of the Human Factors & Ergonomics Society*, Vol. 25, No. 6, 1983.

Ekman, P., Davidson, R. J. & Friesen, W. V., "The Duchenne Smile: Emotional Expression and Brain Physiology: Ⅱ", *Journal of Personality & Social Psychology*, Vol. 58, No. 2, 1990.

Faiola, A., Chin-Chang Ho, Mark, D., Tarrant, et al., "The Aesthetic Dimensions of U. S. and South Korean Responses to Web Home Pages: A Cross-Cultural Comparison", *International Journal of Human-Computer Interaction*, Vol. 27, No. 2, 2011.

Fox, J. R., Park, B. & Lang, A., "When Available Resources Become Negative Resources: The Effects of Cognitive Overload on Memory Sensitivity and Criterion Bias", *Communication Research*, Vol. 34, No. 3, 2007.

Frodl-Bauch, T., Kathmann, N., Möller, H. J. & Hegerl, U., "DipoleLocalization and Test-Retest Reliability of Frequency and Duration Mismatch Negativity Generator Processes", *Brain Topography*, Vol. 10, No. 1, 1997.

Galitz, W. O., *The Essential Guide to User Interface Design: An Introduction to GUI Design Principles and Techniques*, New York: John Wiley & Sons Inc, 1997.

Geske, J. & Bellur, S., "Differences in Brain Information Processing Between Print and Computer Screens: Bottom-up and Top-down Attention Factors", *International Journal of Advertising*, Vol. 27, No. 3, 2008.

Giard, M. H, Lavikahen, J., Reinikainen, K., Perrin, F., Bertrand, O., Pernier, J. & Näätänen, R., "Separate Representation of Stimulus Frequency, Intensity, and Duration in Auditory Sensory Memory. An Event-Related Potential and Dipole-Model Analysis", *Journal of Cognitive Neuroscience*, Vol. 7, No. 2, 1995.

Glass, A. L., *Cognition: A Neuroscience Approach*, Cambridge University Press, 2016.

Goldberg, J. H., Stimson, M. J., Lewenstein, M., et al., "Eye Tracking in Web Search Tasks: Design Implications", *Eye Tracking Research & Application Symposium*, New Orleans, Louisiana, USA, 2002.

Green, R. G. & Zillmann, D., "Hostility and Aggression", *R. Geen & E. Donnerstein Aggression Theoretical & Empirical Reviews*, Vol. 94, No. 1, 1979.

Hauk, O. & Pulvermüller, F., "Effects of Word Length and Frequency on the Human Event-Related Potential", *Clinical Neurophysiology*, Vol. 115, No. 5, 2004.

Homburger, H., Lüscher, A., Scherer-Lorenzen, M., et al., "The Effects of Message Valence and Listener Arousal on Attention, Memory, and Facial Muscular Responses to Radio Advertisements", *Communication Research*, Vol. 28, No. 5, 2001.

Hubert, W. & Jong-Meyer, R. D., "Psychophysiological Response Patterns to Positive and Negative Film Stimuli", *Biological Psychology*, Vol. 31, No. 1, 1991.

Itti, L. & Koch, C., "A Saliency-Based Search Mechanism for Overt and Covert Shifts of Visual Attention", *Vision Research*, Vol. 40, No. 10 – 12, 2000.

Jacobsen, T. & Schröger, E., "Measuring Duration Mismatch Negativity", *Clinical Neurophysiology*, Vol. 114, No. 6, 2003.

Jacobsen, T. & Schröger, E., "Is There Pre-Attentive Memory-Based Comparison of Pitch?", *Psychophysiology*, Vol. 38, No. 4, 2001.

Jakob Nielsen, "F-Shaped Pattern for Reading Web Content", http://www.useit.com/alertbox/reading_ pattern.html, 2006 – 04 – 17.

Jäncke, L., "An EMG Investigation of the Coactivation of Facial Muscles During The Presentation of Affect-Laden Stimuli", *Journal of Psychophysiology*, No. 8, 1994.

Just, M. A., Carpenter, P. A., "Using Eye Fixations to Study Reading Comprehension", *New Methods in Reading Comprehension Research*, 2018.

Kätsyri J., Ravaja N. & Salminen M., "Aesthetic Images Modulate Emotional Responses to Reading News Messages on a Small Screen: A Psychophysiological Investigation", *International Journal of Human-Computer Studies*, Vol. 70, No. 1, 2012.

Kim L. & Albers M. J., "Web Design Issues When Searching for Information in a Small Screen Display", *International Conference on Computer Documentation*, 2001.

Kim, J., Lee, J. & Choi, D., "Designing Emotionally Evocative Homepages: an Empirical Study of the Quantitative Relations Between Design Factors and Emotional Dimensions", *International Journal of Human-Computer Studies*, Vol. 59, No. 6, 2003.

Kingery D. & Furuta R., "Skimming Electronic Newspaper Headlines: A Study of Typeface, Point Size, Screen Resolution, and Monitor Size", *Information Processing & Management*, Vol. 33, No. 5, 1997.

Klaus Bruhn Jensen, "What's Mobile in Mobile Communication?", *Mobile Media & Communication*, Vol. 1, No. 1, 2013.

Krippendorff, K., "Reliability in Content Analysis: Some Common Misconceptions and Recommendations", *Human Communication Research*, Vol. 30, No. 3, 2004.

Lang, A., "Involuntary Attention and Physiological Arousal Evoked by Structural Features and Emotional Content in TV Commercials", *Communication Research*, Vol. 17, No. 3, 1990.

Lang, A., Boll, P., Potter, R. & Kawahara, K., "The Effects of Production Pacing and Arousing Content on the Information Processing of Television Messages", *Journal of Broadcasting & Electronic Media*, Vol. 43, No. 4, 1999.

Lang, A., Geiger, S., Strickwerda, M. & Sumner, J., "The Effects of Related and Unrelated Cuts on Television Viewers' Attention, Processing Capacity, and Memory", *Communication Research*, Vol. 20, No. 1, 1993.

Lang, P. J., "Behavioral Treatment and Bio-Behavioral Assessment: Computer Applications", *Technology in Mental Health Care Delivery Systems Norwood Ablex*, 1980.

Lang, P. J., Bradley, M. M. & Cuthbert, B. N., "MotivatedAttention: Affect, Activation, and Action", *Attention & Orienting Sensory & Motivational Processes*, 1997.

Lang, P. J., Greenwald, M. K., Bradley, M. M., et al., "Looking at Pictures: Affective, Facial, Visceral, and Behavioral Reactions", *Psycho-*

physiology, Vol. 30, No. 3, 1993.

Lang, P. J., Simons, R. F. & Balaban, M. T., *Attention and Orienting: Sensory and Motivational Processes*, Lawrence Erlbaum Associates Publishers, 1997.

Lavie T. & Tractinsky N., "Assessing Dimensions of Perceived Visual Aesthetics of Web Sites", *International Journal of Human-Computer Studies*, Vol. 60, No. 3, 2004.

Lee, M. & Faber, R. J., "Effects of Product Placement in On-Line Games on Brand Memory: A Perspective of the Limited-Capacity Model of Attention", *Journal of Advertising*, Vol. 36, No. 4, 2007.

Ling R., "The Social and Cultural Consequences of Mobile Telephony as Seen in the Norwegian Context", *Telenor R&D Report*, 2002, 9.

Lohse, G. L. & Wu, D. J., "Eye Movement Patterns on Chinese Yellow Pages advertising", *Electronic Markets*, Vol. 11, No. 2, 2001.

Maurer, U., Brem, S., Bucher, K., et al., "Emerging Neurophysiological Specialization for Letter Strings", *Journal of Cognitive Neuroscience*, Vol. 17, No. 10, 2005.

Meadowcroft, J. M. & Zillmann, D., "Women's Comedy Preferences During the Menstrual Cycle", *Communication Research*, Vol. 14, No. 2, 1987.

Mehrabian, A. & Russell, J. A., *An Approach to Environmental Psychology*, MIT, 1974

Näätänen, R., "The Perception of Speech Sounds by the Human Brain as Reflected by the Mismatch Negativity (MMN) and its Magnetic Equivalent MMNm", *Psychophysiology*, Vol. 38, No. 1, 2001.

Näätänen, R. & Alho, K., "Mismatch Negativity-the Measure for Central Sound Representation Accuracy", *Audiology and Neurotology*, Vol. 2, No. 5, 1997.

Näätänen, R., Gaillard, A. & Mäntysalo, S., "Early Selective-Attention Effect on Evoked Potential Reinterpreted", *Acta Psychol*, Vol. 42, No. 4, 1978.

Näätänen, R., Paavilainen, P., Titinen, H., Jiang, D. & Alho, K., "Attention and Mismatch Negativity", *Psychophysiology*, Vol. 30, No. 5,

1993.

Näätänen, R., Syssoeva, O. & Takegata, R., "Automatic Time Perception in the Human Brain for Intervals Ranging from Milliseconds to Seconds", *Psychophysiology*, Vol. 41, No. 4, 2004.

Näätänen R, Winkler I., "The Concept of Auditory Stimulus Representation in Cognitive Neuroscience", *Psychological Bulletin*, Vol. 125, No. 6, 1999, p. 826.

Niklas Ravaja, Timo Saari, Kari Kallinen, et al., "The Role of Mood in the Processing of Media Messages From a Small Screen: Effects on Subjective and Physiological Responses", *Media Psychology*, Vol. 8, No. 3, 2006.

Novitski, N., Tervaniemi, M., Huotilainen, M. & Näätänen, R., "Frequency Discrimination at Different Frequency Levels as Indexed by Electrophysiological and Behavioral Measures", *Cognitive Brain Research*, Vol. 20, No. 1, 2004.

Oatley, K., Keltner, D. & Jenkins, J. M., *Understanding Emotions* (*2nd ed.*), Oxford: Blackwell Publishing, 2006.

Ohme, R., Reykowska, D., Wiener, D., et al., "Analysis of Neurophysiological Reactions to Advertising Stimuli by Means of EEG and Galvanic Skin Response Measures", *Journal of Neuroscience Psychology & Economics*, Vol. 2, No. 1, 2009.

Osgood, C. E., "Dimensionality of the Semantic Space for Communication Via Facial Expressions", *Scandinavian Journal of Psychology*, Vol. 7, No. 1, 1966, pp. 1 – 30.

Osgood, C. E., Suci, G. J., Jannenbaum, P. H., "*The Measurement of Meaning*", University of Illinois Press, 1957.

Quist G. & Lundin K., "Eye Movement Study of Reading Text on a Mobile Phone Using Paging, Scrolling, Leading, and RSVP", *International Conference on Mobile and Ubiquitous Multimedia*, Oulu, Finland, December, 12 – 14, 2007.

Pavlov, I. P., *Conditioned Reflex*, Oxford: Oxford University Press, 1927.

Posner, M. I., "Orienting of Attention", *Quarterly Journal of Experimental Psychology*, Vol. 32, No. 1, 1980.

Ran Wei, "Mobile Media: Coming of Age with a Big Splash", *Mobile Media & Communication*, Vol. 1, No. 1, 2013.

Ravaja, N., "Contributions of Psychophysiology to Media Research: Review and Recommendations", *Media Psychology*, Vol. 6, No. 2, 2004.

Ravaja N. & Kallinen K., "Suboptimal Exposure to Facial Expressions When Viewing Video Messages from a Small Screen: Effects on Emotion, Attention, and Memory", *Journal of Experimental Psychology Applied*, Vol. 10, No. 2, 2004.

Rayner, K., "Eye Movements in Reading and Information Processing", *Psychological Bulletin*, Vol. 85, No. 3, 1978.

Reeves, B., Lang, A., Kim, E. Y. & Tatar, D., "The Effects of Screen Size and Message Content on Attention and Arousal", *Media Psychology*, Vol. 1, No. 1, 1999.

Reeves, B., Lombard, M. & Melwani, G., "Faces on the Screen: Pictures or Natural Experience?", *Annual Conference of the International Communication Association*, 1992.

Resiel J. F. & Shneiderman. B., "Is Bigger Better? The Effects of Display Size on Program Reading", *Social, Ergonomic and Stress Aspects of Work with Computers, Proceedings of the Second International Conference on Human-Computer Interaction*, Honolulu, Hawaii, August 10 – 14, 1987.

Russell, J. A., "A Circumplex Model of Affect", *Journal of Personality and Social Psychology*, Vol. 39, No. 6, 1980.

Schenkman, B. N. & Jönsson, F. U., "Aesthetics and Preferences of Web Pages", *Behaviour & Information Technology*, Vol. 19, No. 5, 2000.

Shelly, A. M., Ward, P. B., Catts S. V., et al., "Mismatch Negativity: an Index of a Preattentive Processing Deficit in Schizophrenia", *Biol Psychiatry*, Vol. 30, No. 10, 1991.

Silvia, P. J., Human Emotions and Aesthetic Experience, *Aesthetic Science: Connecting Minds, Brain and Experience*, 2012.

Singh, S. N., Rothschild, M. L. & Churchill, Jr, G. A., "Recognition Versus Recall as Measures of Television Commercial Forgetting", *Journal of Marketing Research*, Vol. 25, No. 1, 1988.

Sperber, D. & Wilson, D., *Relevance: Communication and Cognition*, Oxford University Press, 1986.

Stiefelhagen, R., Yang, J. & Waibel, A., "A Model-Based Gaze Tracking System", *International Journal on Artificial Intelligence Tools*, Vol. 6, No. 2, 1997.

Treisman, A. & Schmidt, H., "Illusory Conjunctions in the Perception of Objects", *Cognitive Psychology*, Vol. 14, No. 1, 1982.

Wei, J. H., Chan, T. C. & Luo, Y. J., "A Modified Oddball Paradigm 'Cross-modal Delayed Response' and the Research on Mismatch Negativity", *Brain Research Bulletin*, Vol. 57, No. 2, 2002.

Williams, L. M., Loughland, C. M., Green, M. J., et al. "Emotion Perception in Schizophrenia: An Eye Movement Study Comparing the Effectiveness of Risperidone vs. Haloperidol", *Psychiatry Research*, Vol. 120, No. 1, 2003.

Zeki, S., "Inner Vision: An Exploration of Art and the Brain", *Journal of Aesthetics and Art Criticism*, Vol. 60, No. 4, 2002.

后　记

随着这部专著的圆满完成，我满怀感激之情，向所有在研究之路上给予我无私支持与帮助的人表达衷心的谢意。

感谢教育部人文社科基金项目的资助，为我提供了宝贵的资金支持，让我的研究得以顺利进行，为学术界和社会贡献自己的力量。

感谢我的博士导师李杰（思屈）教授对我的谆谆教诲，从西方哲学到东方智慧，从精神现象学到精神符号学，从海洋文化到认知神经传播学，老师始终带领我们走在研究的前沿。感谢我的师母李涛教授，老师与师母思想上的高瞻远瞩、治学上的求是精神、工作中的精益求精始终激励着我不断追求卓越。在学术道路上，他们的陪伴与帮助成为我不断前行的强大动力。

感谢邵培仁教授、吴飞教授、韦路教授、黄少华教授、章宏教授、李红涛教授，他们不仅为我提供了宝贵的学术指导，还分享了丰富的经验和见解。感谢美国的 Robert Potter 教授对本书实验设计部分的指导。感谢法国的 Daniel Raichvarg 教授、Paquien – Séguy Françoise 教授，与他们每一次的相聚和交谈，都让我收获良多，也感谢他们始终关心我的学习和成长。

感谢我的师姐何苗，我与浙江大学、思屈 family 以及认知神经科学的结缘离不开何苗姐的帮助，感谢她在我学业上的提点、生活上的关爱，以及在其他方方面面给予我的支持。感谢我的同窗挚友胡雨濛、戴颖洁、王誉俊、江素珍、蔡馥谣，相识的十年间亲密无间的思想激荡，常让我感到何其有幸。我从她们身上感受到的是温情的提点和关心，是真诚的批评与匡扶。感谢我的闺蜜陈雅文、钟舒雅、王笑蓉、何青。鲁迅说："人生得一知己足矣，斯世，当同怀视之。"而我感恩在人生的每一阶段有朋友们的相知相伴。

感谢我的院长顾雪松教授在本书的出版中给予的帮助；感谢我的同事龚捷副教授和杨蕴希副教授，与她们共同奋斗、共同进步，一起面对挑战、克服困难的后工作时光变得更加充实和有意义。感谢我的研究生们在本书的编校工作中付出的辛勤努力，为书稿的完善做出了重要贡献。

此外，我还要衷心地感谢本书中引用的文献资料的著者，他们的智慧和思想成果是本书写作的基石，同时也增强了本书的严谨性和深刻性。感谢参与书中实验的 90 名被试，没有他们，我的专著无法成形。

同时，我要向出版社的编辑和工作人员表达我的感激之情。他们的专业素养、细致入微的工作态度以及耐心细致的指导，使我的专著得以顺利出版。

感谢家人的理解、包容和鼓励，他们是我最坚实的后盾，也是我学术道路上最温暖的港湾。他们为我创造了良好的学习和生活环境，让我能够专注于研究，勇敢前行。

感恩，是我们一生的课题，是恒久不变的作息。感谢所有的相遇，感谢所有的鼓励与鞭策，让我努力获得的收获充满了意义。在未来的日子里，我将带着这份感恩之心，在“知识论”向“智慧论”转向的路上，继续砥砺前行。

张纾舒

2024 年 4 月